高等职业教育汽车车身维修技术专业教材

汽车修补涂装技术

王成贵　贺利涛　**主　编**
杨万雄　谢占锦　**副主编**

人民交通出版社股份有限公司
China Communications Press Co.,Ltd.

内 容 提 要

《汽车修补涂装技术》是高等职业教育汽车车身维修技术专业教材之一。本教材按照汽车修补涂装的实际工艺过程编写，从基础理论到实践，主要内容包括涂装作业的健康与安全、涂装工具与设备、底漆施工工艺、原子灰施工工艺、中涂施工工艺、面漆施工工艺及遮蔽工艺。内容丰富、资料翔实、简明实用、查阅方便。

本书可作为高等职业院校汽车车身维修技术专业课程教材或自学用书，也可供汽车车身修复技术人员、管理人员或技师参考使用。

图书在版编目(CIP)数据

汽车修补涂装技术／王成贵,贺利涛主编. —北京：人民交通出版社股份有限公司, 2018.7
ISBN 978-7-114-14726-5

Ⅰ. ①汽⋯ Ⅱ. ①王⋯ ②贺⋯ Ⅲ. ①汽车—喷涂—高等职业教育—教材 Ⅳ. ①U472.44

中国版本图书馆 CIP 数据核字(2018)第 103328 号

书　　　名：	汽车修补涂装技术
著 作 者：	王成贵　贺利涛
责任编辑：	郭　跃
责任校对：	赵媛媛
责任印制：	张　凯
出版发行：	人民交通出版社股份有限公司
地　　　址：	(100011)北京市朝阳区安定门外外馆斜街 3 号
网　　　址：	http://www.ccpress.com.cn
销售电话：	(010)59757973
总 经 销：	人民交通出版社股份有限公司发行部
经　　　销：	各地新华书店
印　　　刷：	北京市密东印刷有限公司
开　　　本：	787×1092　1/16
印　　　张：	8.75
字　　　数：	200 千
版　　　次：	2018 年 7 月　第 1 版
印　　　次：	2018 年 7 月　第 1 次印刷
书　　　号：	ISBN 978-7-114-14726-5
定　　　价：	22.00 元

(有印刷、装订质量问题的图书由本公司负责调换)

前言 PREFACE

为了满足高等职业教育培养汽车车身维修技术专业高等技术应用型人才的需要，为了贯彻十九大报告所提出的建设知识型、技能型、创新型劳动者大军，弘扬劳模精神和工匠精神，营造劳动光荣的社会风尚和精益求精的敬业风气，云南交通运输职业学院在深化职业教育改革，积极推进课程改革、教学改革及教材改革，满足职业教育发展新需求的过程中积极探索，组织一批教学经验丰富、实践能力强的教师与行业、企业的一线专家，依托世界技能大赛车身修理项目中国集训基地及国家级高技能人才培训基地两大优势平台，在充分调研的基础上，编写了本套教材，供高等职业教育汽车车身维修技术专业、汽车运用与维修技术、汽车检测与维修技术、汽车改装技术等专业教学使用。

本教材具有以下特点：

1. 从汽车售后维修企业喷涂岗位要求分析入手，结合国家对高等职业技术院校培养高等技术应用型人才的要求，确定教学目标和教材内容，强化教材的针对性和实用性。

2. 以国家职业标准为依据，使教材内容符合国家职业标准的相关要求，便于教学内容与实际工作需要相关联。

3. 根据以汽车修补涂装中的实操工艺流程为主线，以相关知识为支撑的编写思路，精选底漆施工、原子灰施工、中涂施工和面漆施工等项目内容。

4. 根据院校的教学设备和汽车行业的发展趋势，合理安排教学内容。使学生掌握汽车修补涂装的基础知识，介绍目前汽车修补涂装先进技术和工艺。

5. 为便于对知识的理解和吸收，教材采用图解的表现形式以降低学习难度。

本书由云南交通运输职业学院王成贵、贺利涛任主编,杨万雄、谢占锦任副主编。谢家良任主审。由王成贵负责统稿工作。参与编写的工作的还有该校的肖林、杨林发、赵小光。

限于编者的理论水平和实践能力,教材内容难以完全覆盖全国各大高等职业院校的实际需求,希望各教学单位在推广及选用本教材的同时,多提出宝贵的意见和建议,以便再版修订时加以完善。

编　者

2018 年 3 月

目 录 CONTENTS

项目一　汽车喷涂概况　1
项目二　喷涂前处理的安全防护　12
项目三　损伤评估与羽状边研磨　18
项目四　底漆施工　25
项目五　原子灰认知　30
项目六　原子灰刮涂与干燥　37
项目七　原子灰研磨　44
项目八　原子灰施工　50
项目九　中涂漆的喷涂　54
项目十　中涂漆的干燥与打磨　62
项目十一　喷涂安全规范及要求　69
项目十二　喷涂工具及设备　84
项目十三　涂料基础　103
项目十四　喷涂遮蔽　116
项目十五　素色漆喷涂　121
项目十六　银粉漆喷涂　125

参考文献　131

项目一　汽车喷涂概况

学习目标

完成本项目学习后,你应能:
1. 解释说明涂料的定义;
2. 简要指出涂料在汽车涂装中的应用及发展变化主要历程;
3. 画出喷涂维修流程框图;
4. 简要列举废弃涂料处理不当的危害;
5. 辨析5S的含义。

建议学时

4学时。

1. 涂料的定义及来源

涂料是一种液态胶粘剂合成物,以薄层涂布于底材上而形成的一层不透明固态成膜物质,通常可起到保护、色彩装饰以及提升物体质感的作用。古埃及人将黏性物质与颜料混合起来,每种颜色单独使用,共用到了6种基本颜色:白色、黑色、蓝色、红色、黄色以及绿色。早期的涂料是用蛋黄制成的,因此涂抹在底材上后会变硬且黏着在涂抹表面,而所用颜料取自植物、砂子和其他不同类型的土壤。古希腊罗马时期的涂料均用天然树脂制成。在12世纪,有报告显示存在固化的天然树脂化合物,例如用树脂化的琥珀与经过化学方法硬化处理的天然油脂来制作涂料。

2. 涂料在汽车行业中的应用及发展变化

1) 20世纪初

汽车涂料的历史可以上溯到20世纪初即1900年,金属、木材、石料表面涂装工艺的历史则可以追溯到更久之前,大约在亨利·福特创立福特汽车公司之后的6年间渐趋成熟。当时的涂料只有清漆,许多还是以马车为主要交通工具时遗留的产物。与早期木器涂料极其相似,人们将这些涂料刷在物体表面然后等它们晾干,然后打磨,再用相同方法再次刷涂,当漆膜达到理想厚度时,再进行表面抛光。在许多情况下,涂装一辆汽车大概需要40天,这些产品的色彩都很单一。正如亨利说的那样,"只要这辆车是黑色的,你就值得拥有。"黑色涂装的工艺一直运用到20世纪20年代中期,如图1-1所示。

图 1-1　20 世纪 20 年代汽车涂装

2) 20 世纪 30 年代

在 20 世纪 30 年代早期，汽车工业开始使用醇酸树脂制成的烘漆，最初，这种漆料与早期的清漆用法相似，但选择这种漆料的初衷是因其具有更高的光泽度，它们同样也更加黏稠，使用起来更快捷。1930~1940 年间，有位牙医发明了"喷枪"。与刷涂的方法比较，喷枪的运用使上漆的速度大大提高，它使涂层间的打磨工序降至最少，而且可以保证均匀涂装，曾经需要超过一个月的时间才能完成的工作只需要花费三分之一的时间即可完成。这种喷枪技术和喷涂工艺在 20 世纪 50 年代前一直被大多数车辆制造商广泛使用。

3) 20 世纪 50 年代

1955 年初，通用汽车公司与一家新的原材料供应商合作，并开始使用一种新的涂料产品即采用丙烯酸树脂来代替之前的醇酸树脂。这个产品被用于通用汽车公司的"再流动"工艺，产品通过喷枪喷涂于车身表面，油漆未干的时候含有大量的溶剂，而在大型烤箱中烘烤加速了溶剂的蒸发，油漆再流动后形成一个光滑的表面。这种方法生产出的车辆表面有一定的光滑度，但比不上烘漆的效果，然而，这种涂料更加的快捷高效，节省时间和金钱，并能提高车辆生产的速度。到 1960 年，"再流动丙烯酸树脂"成为汽车制造商最受欢迎的工艺体系。

4) 20 世纪 60 年代

在 20 世纪 60 年代，福特汽车公司重新开始采用烘漆工艺，如图 1-2 所示。他们意识到，消费者多是用眼睛而非头脑购物，福特汽车公司同时也断定美国人喜欢早期丙烯酸树脂的许多特性，所以与涂料供应商合作，开发出"丙烯酸亮光烘漆"。当时，福特汽车公司工艺最先进，最能满足汽车消费者的需求。这一产品也可用喷枪喷涂，其光泽度高、经久耐用，烘烤工艺使汽车拥有坚硬、色彩丰富的外表。在 20 世纪 70 年代初期，该工艺在汽车工业风靡一时。

5) 20 世纪 70 年代

在 20 世纪 70 年代，日本和欧洲汽车生产商开始应用双组分丙烯酸涂料体系，产品数量繁多，他们在为消费者提供金属或金属片涂料方面也相当成功，独具特色，美国人十分喜欢，如图 1-3 所示。

图 1-2　20 世纪 60 年代汽车涂装

图 1-3　20 世纪 70 年代汽车涂装

在20世纪70年代末期,汽车制造商开始寻找更加坚硬的涂料,他们希望找到某种方法可以让涂料干燥更快,而非等待所有溶剂蒸发而干燥,最终寻找到的答案是让产品之间互相发生反应来缩短干燥时间。涂料配方中包含有"交联反应"的自由基添加剂,喷涂前,在涂料中添加这一催化剂,喷漆后,固化过程开始。这一工艺在大型交通工具,例如飞机、消防车的生产当中更为流行。时至今日,丙烯酸磁漆和更新型的聚氨酯工艺还在使用,但是,对于汽车生产行业来说,这一工艺成本太过高昂。

在20世纪70年代中期,产生了越来越多的涂料工业原材料供应商,如BASF公司、DuPont公司、Ditzsler公司、PPG公司以及其他百余家公司,这使得汽车生产厂家可以从中挑选最好的工艺及产品。现今的底色漆/清漆和底色漆/着色清漆涂装工艺在当时具有很强的实验性,当时的目标是提高光泽度以及颜色的饱和度,在20世纪70年代末期,这些工艺已经日臻完美,但清漆的耐久性还有待提高,直到20世纪80年代,厂商才做到有十足的把握。汽车生产厂商要求清漆至少可以保持5年的效果,这是一个神奇的数字,通常消费者也只会对新车保持5年的新鲜度。

6) 20世纪80年代

20世纪80年代后期,双工序及三工序的"清漆"以及"着色清漆"在当时的汽车行业十分流行,但持久耐用的旧式丙烯酸磁漆和聚氨酯工艺在载货汽车和运动型多功能车中的运用仍十分广泛。在20世纪80年代末期和90年代初期,涂料工业发生了迅猛的发展,新的法令颁布实施用来监管涂料的组成及应用。汽车制造商们因为在生产中大量使用涂料产品而遭到政府机构的仔细审查。在涂料供应商的支持下,涂料工艺得以改进,在政府环保部门的干预下,可挥发性有机化合物总量一次又一次地被要求减少。"尿烷"和"聚氨酯"的混合,使得定制混合动力汽车在20世纪80年代蔚然成风,这些都使汽车厂商、车主、车蜡供应商、维修站及推销员面临一系列的挑战。早期运用这些新的涂料体系时,漆面容易剥落,容易被普通的打蜡抛光所损伤,这产生了巨大的修补以及更换费用,也引发了不少争议,但涂料工厂致力于研发工作,开发出粉末涂装工艺。粉末涂料产品基本涂装于金属表层,只包含树脂以及颜料的粉末,而无须液体作载体,如图1-4所示。这些粉末被放进配置有喷枪的带电容器中,待喷涂的金属部件也被设置成拥有相同的电环,喷漆时,带电的粉末涂料颗粒就会紧紧地粘在金属部件上。烘烤部件时,粉末融化,就形成了一层均匀的保护膜。这一工艺在汽车车身下部部件加工方面非常适用,既要求极好的持久性,又对漆膜表面不苛求。

图1-4 粉末涂料

7) 21世纪

进入21世纪后,涂料体系得到了快速的发展,先进的涂料体系,特别是底色漆/清漆和底色漆/着色清漆技术比以往任何时候都要更加完善。四工序工艺可以生产出生动鲜艳的色彩、超凡的色彩饱和度以及光泽度,如图1-5所示。通常车辆被浸入到巨大的电泳槽内进行电泳涂装,电泳槽中的电流大小和时间长短决定了电泳底漆的厚度。喷涂中涂漆是为了让车身有一个均匀的表层,并遮盖电泳底漆层的细微瑕疵。接着是底色漆涂装,最后喷涂清漆,然后车身经过高温烘烤,达到几近完美的漆面效果。

现今,几乎所有的汽车涂料体系都符合挥发性有机化合物法规,同时也符合所有环境保护部门的排放标准,大多数汽车制造商开始使用技术已经十分完善的水基涂料和高固体成分清漆。现在的汽车涂装,即便是在很恶劣的环境情况下,只要妥善维护漆面,漆面效果也可以保持许多年。

8)未来发展

以奔驰汽车公司的SMART车型为例,着色塑料已被用于制造部分车身部件,如图1-6所示。这个工艺是通过颜料和塑料的混合,注塑成型成为车身外壳部件,这样制作的车身部件颜色非常持久。现在越来越普及的是"热粘合"和"真空膜收缩"技术,这一工艺简单快捷,薄膜被粘合或覆盖在车身板件上,然后通过真空,或者加热后贴合到车身上。这些工艺制作出的薄膜十分牢固,但是价格昂贵,因此这些技术没有被广泛应用。

图1-5　四工序涂装汽车

图1-6　塑料件涂装应用

3. 喷涂维修车间修补流程

对于外表受损的车辆,进行喷涂作业维修应遵循一系列工序和工艺环节,以确保维修质量,如图1-7所示。

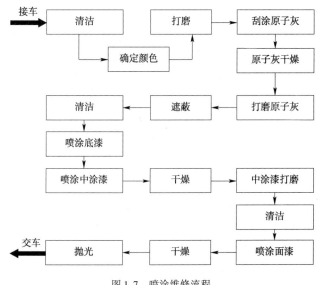
图1-7　喷涂维修流程

1)损伤评估

汽车外观检查包括车身四周巡视一遍,评估损伤程度,并识别是否还有其他额外修补,如图 1-8 所示。

(1)根据所需维修工作项目,预估成本。

(2)向顾客出具损伤报告和成本预估。

(3)是否进行点修补?

(4)损伤是否都位于同一区域内?损伤大小是否适合进行点修补?

2)首次清洁

汽车进入喷涂维修车间时,需清洁全车,如图 1-9 所示。车辆清洁有助于对车身损伤情况进行更好地直观检查,以及后期准备工作。

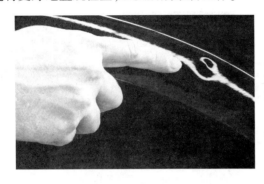

图 1-8 损伤评估

图 1-9 清洗全车

3)确认颜色信息

首先找出汽车铭牌,如图 1-10 所示。通常铭牌上会标出车色代码。汽车制造商会在不同地方标注车色代码。可利用修补漆供应商提供的颜色手册或查询包含最常见的颜色代码位置,进行颜色检索,确定正确的偏差色。偏差色的确定必须在自然光照下进行。

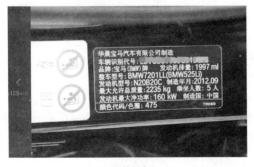

a)查找颜色

b)查找颜色代码

图 1-10 确认颜色信息

4)拆卸喷涂区域的装饰件及打磨羽状边

在拆卸喷涂区域的装饰件后,选择正确的打磨设备对羽状边打磨,如图 1-11 所示。

5)原子灰施工

按需刮涂原子灰,尽量缩小修补区域。按正确方法刮涂原子灰,如图 1-12 所示。

 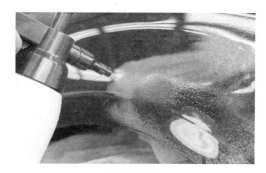

a) 打磨羽状边　　　　　　　　　b) 清洁羽状边

图 1-11　打磨、清洁羽状边

 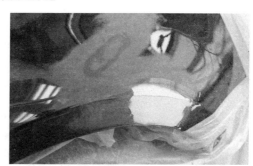

a) 原子灰刮涂　　　　　　　　　b) 原子灰干燥

c) 施涂碳粉　　　　　　　　　d) 原子灰打磨

图 1-12　原子灰施工

6) 喷涂填充中涂漆前的清洁

图 1-13　清洁除油

清洁修补区域。为了避免后期漆面出现缺陷,各个阶段都应进行必要的清洁,如图 1-13 所示。

7) 遮蔽

遮蔽非喷涂区域以防止飞漆漆尘。漆尘有时会飘得很远,而且干燥后不易清除。因此,应时刻注意仔细遮蔽,如图 1-14 所示。

8) 中涂漆施工

进行中涂漆施工,保护底材不受腐蚀和外界

环境影响,如图 1-15 所示。按合适的膜厚正确喷涂底漆和中涂漆对于漆面维护非常重要。为使底漆或中涂漆彻底干燥,可以选择红外线干燥,这是一种快速且经济的小面积干燥方法。从技术上来说,烤房干燥也同样有效,但对于小面积干燥来说,效率不高。底漆或中涂漆干燥并冷却后,可以进行打磨,直至表面光滑为止。使用打磨指导层可以确保打磨掉所有细微缺陷。应清洁所有打磨残留物,因为任何污染物都可能导致后期涂装出现问题。

a)

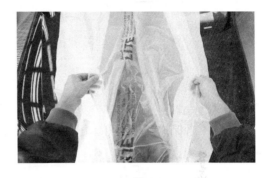
b)

图 1-14 遮蔽

a)中涂漆喷涂

b)中涂漆干燥

c)中涂漆打磨

d)中涂漆打磨

图 1-15 中涂漆施工

9)底色漆施工

为了提高效率,有效节省时间,应在等待底漆或中涂漆干燥的同时调配底色漆。为了确保修补区域不被肉眼识别,建议修补区域向周围板件做过渡喷涂,如图 1-16 所示。底色漆前的施工,采用红外线干燥可以加快施工进度。底色漆施工部分,在喷涂清漆前,只需闪干即可。

a)   b)

图 1-16 底色漆调配

10)喷涂清漆

清漆用来保护底色漆免受环境影响,并形成高光泽漆面,如图 1-17 所示。清漆层需彻底干燥。

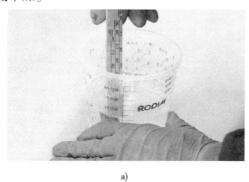
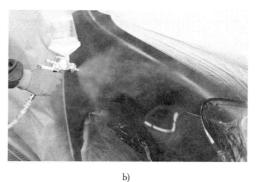

a)   b)

图 1-17 清漆调配

11)抛光打蜡

有时需要对清漆表面进行打磨和抛光打蜡,以去除小尘点或瑕疵,如图 1-18 所示。

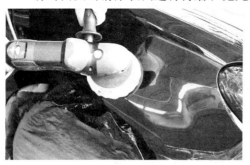

12)漆面后处理清洁

对表面进行最终清洁有助于呈现最佳修补效果。

13)质检

检查最终涂装漆面维修结果(质量控制)。

14)交车

交付按正确维修工艺完成维修的汽车。

4. 环境和废弃处理

车辆和技术系统生产和运行时,含有害物质

图 1-18 抛光

的废气、灰尘、化学物品和废水或噪声造成的环境污染越来越大。

1)环境污染

(1)危害人类和动物的健康(致癌物质);

(2)危害植物群系(森林消失);

(3)破坏实物资产(砂岩质建筑物倒塌);

(4)增加污染(粉尘及漆尘);
(5)损害大气层并引起与此相关的气候变化(臭氧层);
(6)耗损原材料储备(资源减少)。

2)空气污染

空气污染主要通过燃烧过程中释放出的污染物产生。例如,空气污染物包括一氧化碳(CO)、二氧化硫(SO_2)、未燃烧的碳氢化合物(HC)、氮氧化物(NO_x)、烟尘颗粒和含重金属的微尘。空气净化措施是使用无铅燃油、催化转换器和柴油颗粒过滤器,油漆施工时使用有机溶剂等。除了氧气和氮气外,空气中还含有少量二氧化碳和惰性气体。但是研究表明仍然有一些其他污染物存在于空气中,这些污染物源于雾化状态的液体和扬尘,灰尘微粒吸入肺中会带来危险。例如,石棉就是一种可能致癌的危险物品。进行制动系统和离合器方面的工作时会与灰尘接触,进行这些工作时应保护鼻腔及口腔。不允许用压缩空气"吹扫"制动系统,这会造成大量有害微尘进入空气中,也会危害在附近工作的同事,故在此应使用制动灰尘清洁器。同时使用呼吸保护用具,防止吸入油漆、磨削、灰尘。

3)水域污染

水域污染主要是由生活污水和工业污水排放引起的。必须根据污染物类型对生活污水中由排泄物和洗涤剂构成的污物以及工业废水中含有的有毒污染物进行相应处理和净化。来自汽车销售企业的污水中常常含有沉积物和机油。必须通过适当的措施(例如油水分离器、沉积物收集和水处理设备)将这些污染物从水中分离出来。这些经过粗略净化的污水与生活污水一起流入污水处理设备进行进一步净化,然后重新流入自然水域中。

4)土壤和地下水污染

污染物渗入地表中时会造成土壤和地下水污染,主要污染物包括:
(1)废机油、化学清洁剂;
(2)重金属(铅);
(3)有毒化学物品;
(4)涂料废渣。

5)废弃物处理

通过谨慎处理可以显著降低那些无法避免和进入废水中的污染物,最好是不向废水中排放污染物,但是有时无法做到。例如,可以用对环境无害的产品替代像冷清洁剂这样的侵蚀性清洁剂,从而减轻环境污染。只有配备了油水分离器,才允许使用冷清洁剂。

为使废水处理负担减至最小,不应同时让大量乳化且带有表面活性剂的废水进入油水分离器。如果肥皂液和酸液同时进入废水中,则可能形成乳状液并释放出重金属。在这种情况下,汽油分离器和沉积物收集装置无法对废水进行有效处理。

5. 5S管理

"5S"是整理(Seiri)、整顿(Seiton)、清扫(Seiso)、清洁(Seiketsu)和素养(Shitsuke)这5个词的缩略语。因为这5个词的日语罗马拼音的第一个字母都是S,所以简称为5S。开展以整理、整顿、清扫、清洁和修身提高素养为内容的活动,称为5S活动或5S管理。

1)整理

整理是指将需要与不需要的东西加以区分,工作场所不要摆放不需要的东西,不需要的东西应立即丢掉。整理的目的是：①改善和增加作业面积。②现场无杂物，行道通畅，提高工作效率。③减少磕碰的机会，保障安全，提高质量。④消除管理上的混放、混料等差错事故。⑤有利于减少库存量，节约资金。⑥改变作风，提高工作情绪。

2）整顿

整顿是指将需要的东西摆放在任何人都可以立即取得的地方。整顿活动的要点是：①物品摆放要有固定的地点和区域，以便于寻找，消除因混放而造成的差错。②物品摆放地点要科学合理。例如，根据物品使用的频率，经常使用的东西应放得近些（如放在作业区内），偶尔使用或不常使用的东西则应放得远些（如集中放在车间某处）。③物品摆放目视化，使定量装载的物品做到过目知数，摆放不同物品的区域采用不同的色彩和标记加以区别。

3）清扫

清扫是指使工作场所保持没有垃圾、没有脏东西、没有污物的状态，工作场所设备均擦拭干净。清扫活动的要点是：①自己使用的物品，如设备、工具等，要自己清扫，而不要依赖他人，不增加专门的清扫工。②对设备的清扫，着眼于对设备的维护。清扫设备要同设备的点检结合起来，清扫即点检；清扫设备要同时做设备的润滑工作，清扫也是维护。③清扫也是为了改善。当清扫地面发现有飞屑和油水泄漏时，要查明原因，并采取措施加以改进。

4）清洁

清洁是指对前面整理、整顿、清扫的工作彻底执行。清洁活动的要点是：①车间环境不仅要整齐，而且要做到清洁卫生，保证工人身体健康，提高工人劳动热情。②不仅物品要清洁，而且工人本身也要做到清洁，如工作服要清洁，仪表要整洁，及时理发、刮须、修指甲、洗澡等。③工人不仅要做到形体上的清洁，而且要做到精神上的"清洁"，待人要讲礼貌、要尊重别人。④要使环境不受污染，进一步消除混浊的空气、粉尘、噪声和污染源，消灭职业病。

5）素养

素养是指成确实执行所决定的事项的良好习惯，所有作业依标准实行，这是5S活动的核心。没有人员素质的提高，各项活动就不能顺利开展，开展了也坚持不了。所以，抓5S活动，要始终着眼于提高人的素质。

经验告诉我们，开展5S的现场管理活动并有成效，必须做到：全员参加、全方位开展；有专业人员组织、指导；领导必须亲自抓；必须常抓不懈、持之以恒。

习　　题

一、填空题

1. 涂装的作用：_____、_____、_____、_____。
2. 涂料首先使用在_____品牌汽车上。
3. 损伤评估的方法有_____、_____、_____。
4. 确认颜色信息时，汽车制造商会在不同地方标注_____代码。
5. 为了避免后期漆面出现缺陷，各个阶段都应进行必要的_____。

二、判断题

1. 汽车涂装的每个清洁步骤，用水清洁干净就可以了。　　　　　　　　　　（　　）

2. 所有的车辆损伤变形都可以用原子灰填补平整。（   ）
3. 每辆车的颜色都可以通过车色代码从电脑上找到配方，直接按比例添加涂料，不需要再进行微调了。（   ）
4. 原子灰刮涂的顺序是从上到下、从左到右。（   ）
5. 原子灰刮涂原则是先大面积刮涂，再逐步缩小刮涂面积。（   ）
6. 中涂漆的作用是防止底材生锈。（   ）
7. 底色漆施工部分及喷涂清漆前，只需闪干即可。（   ）
8. 清漆用来保护底色漆免受环境影响，并形成高光泽漆面。（   ）

三、选择题

1. 夏季气温高时，应避免（   ）去库房取材料。
   A. 早晨　　　　B. 中午　　　　C. 傍晚
2. 汽车涂装的作用是（   ）。
   A. 防止生锈　　B. 美观　　　　C. 识别　　　　D. 价值的作用
3. 喷枪操作的四要素是（   ）。
   A. 距离　　　　B. 速度　　　　C. 重叠　　　　D. 角度
   E. 速率
4. 涂料的许多特性主要取决于（   ）。
   A. 树脂　　　　B. 颜料　　　　C. 添加剂
5. 羽状边的宽度一般是（   ）。
   A. 2cm　　　　B. 3cm　　　　C. 5cm
6. 对研磨羽状边的要求，（   ）是正确的。
   A. 研磨羽状边是为了减少砂纸磨痕的现象
   B. 研磨羽状边可使用 P180 号砂纸
   C. 研磨羽状边要求宽度超过 30mm
   D. 使用单作用研磨机研磨羽状边边缘
7. 羽状边的功用有哪些？（   ）
   A. 使表面平滑　　B. 防止出现原子灰印　　C. 以上都不正确
8. 羽状边研磨的方法是（   ）。
   A. 沿着旧漆边缘转动研磨　　　　B. 从损伤区域向旧漆面打磨
   C. 从旧漆面向损伤区域打磨　　　D. 以上都不正确
9. 研磨底漆时应选用（   ）砂纸。
   A. P180　　　　B. P120　　　　C. 红色菜瓜布
10. 检查油漆单组分/双组分的方法是（   ）。
    A. 溶剂擦拭　　B. 打蜡　　　　C. 打磨

四、简答题

1. 汽车涂装车间的工作流程一般是怎样的？
2. 汽车涂装所产生的废料有哪些？怎么样处理废料？
3. 汽车涂装对环境的污染有哪些？

项目二　喷涂前处理的安全防护

完成本项目学习后,你应能:
1. 正确指出汽车涂装作业中的危害源及危害;
2. 正确说出各种防护用品的种类和作用;
3. 列举紧急情况下的处理方法及流程;
4. 在不同的工序中正确选择个人安全防护用品。

4学时。

在汽车喷涂的整个过程中,会产生许多影响人体健康的不利因素,如涂装使用的除锈剂、除油剂、除漆剂、喷砂尘雾、打磨粉尘、涂料溶剂、稀释剂、固化剂或各种添加剂等,如图2-1所示。有的具有较强的腐蚀性,有的则会产生有害气体或粉尘,直接侵害涂装操作人员的身体健康或对自然环境造成污染,这就要求维修人员做好卫生与防护工作,改善工作条件,避免有害物质危害职工的身体健康和防止职业病。

1. 个人安全防护

1)涂料的危害

涂料内的颜料可能含有铅、铬、镉、铁等重金属,其中铅对神经系统、血液系统、肾脏系统、生殖系统有危害;铬对呼吸道、消化道、皮肤溃伤、鼻中隔穿孔有影响;镉会影响呼吸道病变、肾脏系统;有机溶剂可能含有或包括甲苯、二甲苯有机溶剂,对中枢神经、皮肤、肝脏等有影响;树脂可能是合成的物质,会造成呼吸道过敏、皮肤过敏;二液型烤漆的硬化剂可能含有异氰酸盐,它会刺激皮肤、黏膜,造成呼吸器官障碍。在涂装施工中,还会遇到粉尘、漆雾等有害物质,所以在工作中一定要做好安全防护。

2)个人防护装置

在喷涂前处理中,常用的个人安全防护用品有:护目镜、防尘口罩、耐溶剂手套、防毒面具、供气式面罩、防静电工作服、安全鞋等。

(1)护目镜

护目镜,如图2-2所示,防止稀释剂、硬化剂或油漆飞溅,以及磨灰对眼睛造成的伤害。

项目二　喷涂前处理的安全防护

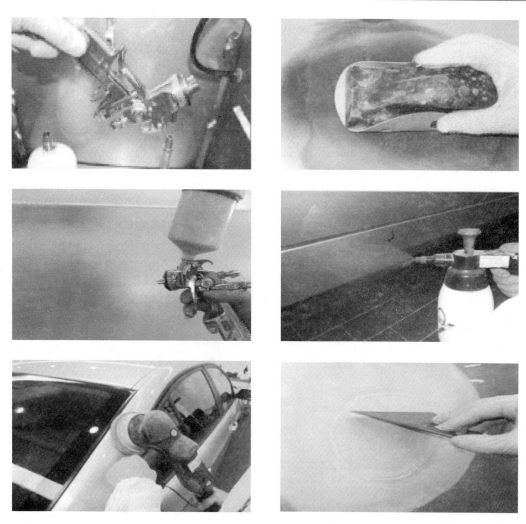

图 2-1　涂装危害的来源

（2）防尘口罩

防尘口罩，如图 2-3 所示，可以防止喷砂灰尘被吸入，仅用于喷砂作业时佩戴。喷漆时，不能用它代替防毒面具使用。

（3）耐溶剂手套

耐溶剂手套，如图 2-4 所示，为防止溶液、底漆及外层涂料对手的伤害，应佩戴安全手套进行操作。洗手时，选用适合的清洁剂，千万别用稀料洗手。

　　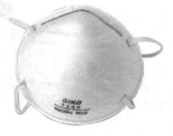　　

图 2-2　护目镜　　　　　图 2-3　防尘口罩　　　　　图 2-4　耐溶剂手套

(4) 滤筒式防毒面具

滤筒式防毒面具,如图2-5所示,对于喷涂磁漆、硝基漆以及其他非氰化物的油漆时,可以佩戴滤筒式防毒面具。滤筒式防毒面具的维护主要是保持清洁,定期更换过滤器和滤筒。当出现呼吸困难时应更换前置过滤器;每周更换一次滤筒;定期检查面罩,保持良好密封性能。

在使用防毒面具时应注意:

①清洗前,拆下滤棉或滤毒盒,以及各个阀片。

②使用温水或肥皂水,可用刷子清除脏污,风干。

③检查各部件是否完好,更换受损件。

④如果需要,更换或扔掉滤盒或滤棉。

⑤重新组装好口罩。

⑥将干净的口罩放入塑料袋中,放置于个人的箱子中或固定位置。

(5) 供气式面罩

供气式面罩,如图2-6所示,是可以防护吸入氰酸盐漆蒸汽和喷雾引起过敏的装置。供气式面罩由一台小型无油空气泵来供给帽盔式面罩内呼吸保护器的空气。

图2-5 滤筒式防毒面具　　图2-6 供气式面罩

(6) 防静电工作服

防静电工作服,如图2-7所示,在喷漆场地应穿清洁的工作服,工作服的上衣应是长袖的。工作裤要有足够的长度,以能盖到鞋头为好。喷漆时要穿喷漆服,以避免皮肤裸露而受到伤害。

(7) 安全鞋

安全鞋,如图2-8所示,穿带有金属脚尖衬垫及防滑的安全工作鞋。金属脚尖衬垫可以保护脚趾不受落下的物体碰伤。

图2-7 防静电工作服　　图2-8 安全鞋

2. 紧急情况处理

在涂装作业中一旦发生紧急情况，如处理不当就有可能导致较严重的后果。此处介绍工作期间容易出现的一些紧急情况及处理方法。

1) 呼吸困难

当涂装作业人员在工作期间出现呼吸困难时，应尽快将有关人等移至新鲜空气处，如没有呼吸应实施人工呼吸，并呼叫求助。在工作中，一定要注意工作场所通风，如图 2-9 所示，保持工作场所空气流通。

2) 溶剂溅入眼睛

在工作中，如果不小心将溶剂洒入眼睛，应立即用大量清水冲洗，如图 2-10 所示，并送医诊治。在使用的涂料中，有些溶剂是强溶剂，对人体的危害大，遇到这样的溶剂溅入眼睛时，应给与足够的重视，最好尽快去医院就医。

3) 皮肤接触

在工作中，难免会有油漆、溶剂、除油剂等物质与皮肤接触，如图 2-11 所示，当出现这种情况时应立即除下污染物并以大量清水及肥皂清洗。

  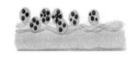

图 2-9　通风　　　　　图 2-10　溶剂溅入眼睛　　　　图 2-11　皮肤接触

4) 误食

在有些时候，很容易将溶剂、清漆等当作水送入口中。一旦出现这种情况，切记不要诱使呕吐，应保持体温和腹部平放，如图 2-12 所示，并尽快送医救治。

图 2-12　急救

3. 防火及灭火

汽车修补涂装作业火灾危险性的大小与所使用的涂料种类、用量、涂装场所的条件等有关。爆炸和火灾事故的发生会造成生命财产的严重损失，影响生产的正常进行。从事涂装的单位和个人必须高度重视防火安全。

1) 防火

汽车修补涂装时，一般采取下列防火措施：

(1) 汽车修补涂装车间属于火灾危险区，应采取相应的消防措施，一般应布置在厂房的一侧，并用防火墙与其他车间隔开。

(2) 汽车修补涂装车间的所有构件都应尽量采用防火性能好的材料。

(3) 所有的电气设备和开关都应有防爆装置，电源应设置在防火区以外。

(4)涂装车间的所有金属设备都应接地可靠,防止静电积聚和放电。

(5)涂装车间内严禁烟火,不许带火柴、打火机等火种进入车间。

(6)存储涂料应放在远离工作区的地方,工作区最多保留一天的用量。

(7)擦过溶剂和涂料的棉纱、破布等应放在专用的带盖铁箱中,并应及时处理掉。

(8)严禁向下水道倾倒易燃溶剂和涂料。

(9)在涂装过程中应尽量避免敲打、碰撞、冲击、摩擦等动作,以免发生火花或静电放电而引起着火燃烧。

(10)喷漆应在专门的喷漆房内进行,喷漆房、烘干室等应符合防火安全技术要求。

2)灭火

灭火的方法多种多样,但其基本原则有以下三个方面:

(1)移去或隔离火源,使之熄灭。

(2)隔绝空气(即切断氧气)使之窒息,比如将二氧化碳气体直接喷射到燃烧物体上。

(3)用冷却法使被燃烧物体的温度降低到着火点以下即可灭火。

涂装修补车间的技工都应熟知防火安全技术知识、火灾类型及灭火方法,会使用各种消防工具。一旦发生火灾,尤其是在电器附近着火,应立即切断电源,以防火势蔓延,产生电击事故。当工作服着火时切勿惊慌失措,应就地打滚将火熄灭。

油漆着火如果用水扑救,密度大的水往下沉,轻质的油漆往上浮,浮在水面上的油漆仍会继续燃烧,并且油漆会随着水到处蔓延,扩大燃烧面积,危及其他货物和周围建筑物的安全。遇到油漆着火,应立即用泡沫、二氧化碳和干粉灭火机等灭火工具灭火,如图 2-13 所示,严禁用水扑救。

图 2-13 灭火材料

习 题

一、填空题

1.涂装车间内严禁烟火,不许带_____、_____等火种进入车间。

2.油漆着火时,不能用_____,应采用_____灭火器、二氧化碳灭火器或者_____灭火器进行灭火。

3.在进行喷漆作业时,该穿戴好防_____、_____、_____、_____进行作业。

4.涂料中含有铅、铬、镉、铁等重金属,在涂料施工中眼、_____、_____三个部位比较危险。

5. 滤筒式防毒面具（3M），过滤棉使用时长大约为_____月，碳粉盒大约为_____月。

二、判断题

1. 我们在喷涂水性漆时可戴防尘口罩施工。（　　）
2. 遇有因油漆发生着火时，可以选用泡沫型灭火剂灭火。（　　）
3. 溶剂不小心溅入眼睛应立即用大量清水冲洗并送医诊治。（　　）
4. 清洗水性漆时，清洗废料可随意排放。（　　）
5. 有机溶剂对皮肤的伤害只是引发皮肤干燥，可涂抹润肤霜来保护。（　　）
6. 滤筒式防毒面具需定期更换过滤器和滤筒，定期检查面罩，保持良好密封性能。（　　）
7. 在调漆和喷漆时，为抵御产生的溶剂蒸气和漆雾，连体工作服、手套、护目镜、防尘口罩会保证你的安全。（　　）

三、选择题

1. 在溶剂溅入人的眼睛后应先用（　　）处理。
   A. 大量清水冲洗　　B. 手揉搓几下　　C. 吹风枪吹干　　D. 不必理会
2. 用溶剂清洁板件时，用脱漆水脱漆和喷涂时应选用（　　）。
   A. 棉纱手套　　B. 橡胶手套　　C. 乳胶手套　　D. 电工手套
3. 涂料的许多特性主要取决于（　　）。
   A. 树脂　　B. 颜料　　C. 添加剂
4. 喷涂对人身体有哪些危害？（　　）
   A. 血液系统　　B. 肾脏系统　　C. 呼吸道　　D. 消化道
   E. 中枢神经

项目三　损伤评估与羽状边研磨

学习目标

完成本项目学习后,你应能:
1. 正确说出涂装中清洁的作用及种类;
2. 说明损伤评估的方法;
3. 说明清除旧漆的方法;
4. 说明正确研磨羽状边的方法。

建议学时

4学时。

汽车在正式涂装修复处理之前,首先要进行清洁,其目的主要有两个:一是通过彻底系统的清洁,更好地进行损伤评估;二是通过清洁,减少车身的污物,以免对涂装修复区域造成污染。

1. 清洁

1)清洁的作用

在整个涂装维修中,各个环节都离不开清洁,可见清洁在涂装维修中的重要性。在不同的工序中,清洁的作用也是不同的。根据涂装的工艺流程,可将清洁的作用大致概括如下:

(1)清洁车身,便于损伤区域的检查。

车辆在进车间之前应该进行清洗,这样可以防止污染物进入车间,如图3-1所示。

(2)清洁漆膜上的污物,防止漆膜产生缺陷。

车辆所用油漆对油污、水分、汗渍等敏感,这些污物残留在漆膜上会导致漆膜产生缺陷、弊病,如油污会使漆膜产生"鱼眼"的毛病,如图3-2所示。水残留在漆膜上会使漆膜起泡等,如图3-3所示。另外,灰尘、颗粒等脏物如果留在漆膜上会导致尘点等弊病,如图3-4所示。彻底的清洁是保证完美漆膜的前题,是防止漆膜产生缺陷的简便方法之一。

图3-1　车辆清洗

图 3-2　鱼眼　　　　　　　图 3-3　起泡　　　　　　　图 3-4　尘点

（3）为涂装施工准备良好的底材。

针对不同的材料,应根据底材的实际情况,在预处理中使用不同的清洁剂,以便彻底清除可能影响涂层效果的表面污染物,为涂装施工准备良好的底材。如钢铁材料锈蚀,必须用除锈水或打磨机清除干净;塑料件容易积累电荷,需用除静电的清洁剂彻底清洁等。

2）清洁的方法

现代汽车车身除满足强度和使用寿命的要求外,还应满足性能、外观、安全、价格、环保、节能等方面的需要。在20世纪80年代,轿车的整车质量中,钢铁占80%,铝占3%,树脂为4%。自1978年世界爆发石油危机以来,作为轻量化材料的高强度钢板、表面处理钢板占比逐年上升,有色金属材料总体有所增加,其中铝的增加明显。非金属材料也在逐步增长,近年来开发的高性能工程塑料、复合材料,不仅替代了普通塑料,而且品种繁多,在汽车上的应用范围广泛。汽车车身材料由于材料属性不同,应根据底材的实际情况,在预处理中使用不同的清洁剂,以便彻底清除可能影响涂层效果的表面污染物。

清洗汽车时,肥皂、水和水性清洁剂是最佳的去除水溶性污染物的解决方案,而非水溶性污染物只有通过专门的清洁剂才能去除。专业化学清洁剂可以去除硅脂、蜡、油脂和油渍。各种情况的清洁具体见表3-1。

各种底材的清洁　　　　　表3-1

底材	种　　类	常见污染物	选用清洁剂
旧漆面	原厂漆	保护蜡中的硅油	除硅、除油清洁剂
	修补漆涂层	受到树脂、盐污染;受到灰尘、鸟粪污染	水;除硅、除油清洁剂
	新电泳底漆层面板	保护液、油	除硅、除油清洁剂
金属	钢板	锈蚀、油污	金属清洁剂;除硅、除油清洁剂
	镀锌钢板	氧化锌、油污	金属清洁剂;除硅、除油清洁剂
	铝	氧化铝、油污	金属清洁剂;除硅、除油清洁剂
塑料	热塑性	脱膜剂、静电	塑料清洁剂;除硅、除油清洁剂;除静电清洁剂
	热固性	脱膜剂、静电	塑料清洁剂;除硅、除油清洁剂;除静电清洁剂

塑料表面无气孔,带有残留脱膜剂。由于硅油可用于为大部分塑料器件脱模,因此须用专业塑料清洁剂多清洗几次。水溶性脱膜剂的运用正日益广泛,但这种脱膜剂只能用水去除。因此,第一步就是用温的肥皂水清洗塑料。若在清洗步骤之前适度地短时间加热,效

果/效率将更佳。

2. 损伤评估

做完车辆清洁后就进入了车辆损伤部位评估阶段。车辆损伤评估是更好、更快、更合理维修车辆的前提,是选择恰当维修工艺的关键。损伤评估的内容一般包括损伤部位、损伤程度、以前的修理状况等内容。

1)损伤部位

不同的损伤部位所用时间及工艺也不尽相同的。如图3-5所示,将车身分为三个不同的区域,即A区:发动机舱盖、车顶、行李舱盖,B区:4个叶子板、4道车门,C区:前后保险杠、左右裙边。如果损伤部位处在A区,无论损伤轻微还是严重的,都不建议做快修;如果损伤部位在B区,可以视情况而定,轻微损伤可以做快修,损伤严重时则不建议做快修;如果损伤部位在C区,则最适合做快修,但严重损伤不建议做快修。

2)损伤程度

车身的损伤程度是影响维修时间的重要因素。检查工件的损坏情况,严重的送回钣金重新较正。对于损伤程度的评估一般建议用以下三种方法。

(1)目测就是用眼睛去观察损伤的情况,如图3-5所示。在观察的时候要选择光线充足的地方或者在检测灯的帮助下观察,观察时要迎着光线,分不同角度评估,并用记号笔做好标记。

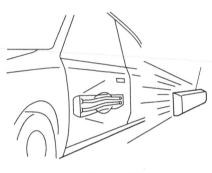

图3-5 目测

(2)手摸是用手去检查损伤的程度。在触摸损伤部位时最好戴上手套,并从多个方向仔细检查,如图3-6所示。在检查时注意手上佩戴的手表、戒指等硬物,防止划伤漆面。

 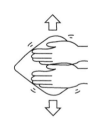 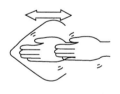

图3-6 手摸

(3)尺量是利用直线尺测量损伤部位的损伤程度。在用尺子量的时候要把尺子贴紧车身,从未损伤部位开始拉向损伤区域,观察损伤部位的损伤程度,如图3-7所示。

3)以前的修理状况

检查以前的修理状况主要是检查油漆类型、涂膜类型及漆膜厚度。

单组分油漆可还原,用稀释剂擦拭损伤区的漆膜,如果掉色,说明油漆是单组分类油漆;如果用稀释剂擦拭损伤区,漆膜不掉色,说明是双组分油漆,如图3-8所示。单组分的油漆耐久性及耐溶剂性差,建议清除或用双组分油漆覆盖。

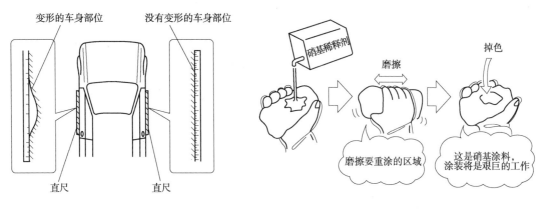

图 3-7　尺量　　　　　　　　　图 3-8　单组分、双组分油漆鉴别

使用 1500 号砂纸打磨，如果漆膜掉色，则是单工序涂层；如果漆膜没有颜色掉落，则是双工序涂层，如图 3-9 所示。

图 3-9　单工序、双工序涂膜鉴别

3. 羽状边研磨

1）除旧漆

损伤评估结束后就要进行除旧漆工序。除旧漆就是将损伤部位的旧漆层打磨干净，如图 3-10 所示。将损坏的漆层打磨至适合施工的程度，防止旧漆层影响涂装质量。除旧漆一般是用单旋转打磨机配合 60~80 号砂纸研磨。当然，损伤程度不同，使用的工具和砂纸型号也是有差异的，严重的损伤选用粗砂纸，轻微的损伤（没有伤到底漆或者底材）选用细砂纸。清除了旧涂膜的边缘是很厚的，为产生一个宽的、平滑的边缘，可以将涂膜的边缘打磨形成一个平滑的斜坡，我们称之为羽状边，整个研磨过程即为羽状边的研磨。

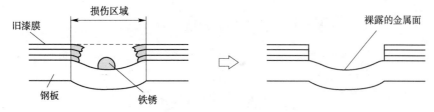

图 3-10　损伤示意图

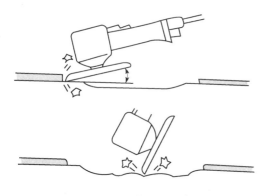

如果某一区域受到冲击,就有可能影响涂膜与金属之间的附着力,必须清除原有涂膜。利用 P80 砂纸研磨受损区域,直至暴露出受损区域的裸金属,如图 3-11 所示。

2)研磨羽状边

清除了涂膜的边缘是很厚的,如果没有做羽状边研磨,就将原子灰补上去,会造成漆面出现原子灰印。因为原子灰和固化剂调和后约半个小时至一个小时便可研磨,但是要到完全干燥,即使在炎热的夏天也需要一个星期,所以基

图 3-11 打磨旧漆面示意图

本上在施工过程中,不可能等它完全干燥才进行下一步施工程序。所以在烤漆施工完成后,所补的原子灰经过一段时间,还是会略微下陷,而这时候,如果底层没有做羽状边研磨,就会因为斜面太过于陡峭,出现原子灰裂痕。但是如果将每一个断层做好 1~3cm 的羽状边研磨,其斜面便可承受补原子灰经过长时间后再下陷造成的高低差,而不会出现原子灰裂痕。

羽状边的研磨方法很多,可以沿着旧漆边缘转动着研磨,也可以从旧漆面向损伤区域打磨,无论应用哪一种方法,必须遵循平滑的原则,如图 3-12 所示。研磨时使用偏心振动的 5mm 研磨机配合 120 号砂纸研磨,对于未曾修补过的新漆膜,羽状边的宽度以研磨至 3cm 为宜;对于已经修补过多次的漆膜,每层至少研磨 5mm。使用 120 号砂纸研磨出羽状边后,还应使用 180 号砂纸配合 5mm 研磨机对羽状边边缘进行研磨,使羽状边更光滑,并且可以去除 120 号砂纸痕。从羽状边的边缘起向外 3~5cm 的范围内还应使用 240 号砂纸配合 5mm 研磨机磨毛,如图 3-13 所示。

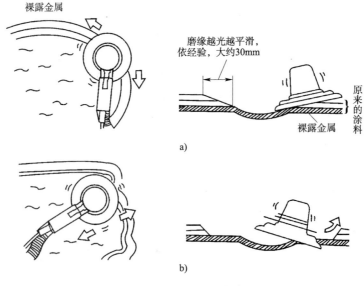

图 3-12 羽状边研磨

图 3-13 羽状边宽度

习　　题

一、填空题

1. 清洁的目的是_____、_____、_____。
2. 塑料件表面带有_____,因此需用_____多清洗几次。
3. 专业化学清洁剂可以去除_____、_____、_____、_____。
4. 损伤评估应从_____、_____、_____等方面入手。
5. 损伤部位在水平面上,则不建议做_____维修。
6. 评估的检查方法是_____、_____、_____。
7. 用稀释剂擦拭损伤区域漆膜,如果油漆掉色,说明油漆是_____,反之是_____。
8. 用抛光蜡擦拭漆膜表面,如果油漆掉色,说明油漆是_____,反之是_____。

二、判断题

1. 国家标准规定,汽车车上涂层的防腐至少要保持 5 年。　　　　　　　　　　（　　）
2. 打磨羽状边不可以用 180 号砂纸。　　　　　　　　　　　　　　　　　　（　　）
3. 用同一种材料的底材,采用不同的表面处理方法,涂以相同的底漆和面漆进行对比,其损坏期限和腐蚀情况基本相同。　　　　　　　　　　　　　　　　　　　　　（　　）
4. 在使用清洁剂清洁时,应喷洒清洁剂后,等清洁剂完全挥发再使用除油纸擦拭。
　　　　　　　　　　　　　　　　　　　　　　　　　　　　　　　　　　（　　）
5. 研磨不同形状的底材要用不同的打磨机。　　　　　　　　　　　　　　　（　　）
6. 使用 P120 干磨砂纸打磨羽状边,距离裸金属凹陷范围至少 7～8cm,羽状宽度至少 5mm。　　　　　　　　　　　　　　　　　　　　　　　　　　　　　　　　　（　　）
7. 被涂面有残留油污会使喷涂的漆膜产生缩孔(鱼眼)、脱皮。　　　　　　　（　　）
8. 板件上发现油污要立即用清水清洗。　　　　　　　　　　　　　　　　　（　　）

三、选择题

1. 在使用清洁剂清洁时应(　　)。

　　A. 喷洒清洁剂后马上擦除

　　B. 喷洒清洁剂后,等清洁剂完全挥发后再使用除油纸擦拭

　　C. 喷洒清洁剂后,等其将油污溶解后再使用除油纸擦拭

D. 以上都不对
2. 涂装时,操作人员身上不要佩戴( )。
   A. 戒指　　　　B. 手表　　　　C. 钥匙　　　　D. 手套
3. 在使用直尺对损伤程度进行评估时,直尺不能有( )。
   A. 变形　　　　B. 刻度　　　　C. 毛刺
4. 羽状边的宽度是( )。
   A. 2cm　　　　B. 3cm　　　　C. 5cm
5. 清洁除油时需要佩戴( )。
   A. 防毒面具　　B. 防溶剂手套　　C. 棉纱手套　　D. 防尘口罩
   E. 工作鞋　　　F. 护目镜　　　　G. 防静电工作服
6. 研磨羽状边的防护用品有( )。
   A. 防毒面具　　B. 防尘口罩　　C. 防溶剂手套　　D. 棉纱手套
   E. 护目镜
7. 观察颜色需要注意以下哪些方面?( )
   A. 汽车涂层是否老化　　　　　　B. 是否难调
   C. 是否一车多色
8. 涂层较厚时打磨羽状边缘选用的砂纸应该是( )。
   A. 干磨 P80~P120　　　　　　B. 干磨 P120~P240
   C. 干磨 P180~P240　　　　　　D. 干磨 P240~P320
9. 在对损伤部位评估时,应从( )等方面进行评估。
   A. 损伤程度　　B. 损伤部位　　C. 涂层状况　　D. 颜色
10. 羽状边的功用有哪些?( )
    A. 使表面平滑　　　　　　　　B. 防止出现原子灰印
    C. 以上都不正确
11. 羽状边研磨的方法是( )。
    A. 沿着旧漆边缘转动研磨　　　　B. 从损伤区域向旧漆面打磨
    C. 从旧漆面向损伤区域打磨　　　D. 以上都不正确
12. 如何鉴别油漆的种类(硝基漆/原厂漆/2K漆)?( )
    A. 溶剂擦拭法　B. 打蜡法　　　C. 打磨法　　　D. 加热法

四、简述题
1. 请写出羽状边研磨使用的砂纸型号和施工步骤。
2. 请写出油漆类型(单、双组分)的鉴别方法和涂层类别(单、双工序)的鉴别方法。

项目四 底漆施工

学习目标

完成本项目学习后,你应能:
1. 正确说出底漆的作用;
2. 正确说出底漆的种类;
3. 正确说出底漆的施工流程。

建议学时

4学时。

1. 底漆的作用

底漆的作用主要是提供附着力和防腐蚀。底漆一般不具备填补车身表面缺陷的能力,但能使得裸露的金属表面适合使用原子灰、中涂漆以及面漆,它作为被涂表面与涂层之间的媒介层,使两者牢固结合。底漆的种类繁多,针对不同的底材,要选用适当的底漆,如汽车上的材质除钢铁外,还有铝、镀锌铁板及塑料等。正确选择合适的底漆是非常关键的,它不仅可以降低成本,方便施工,而且可以延长漆膜的耐久性,充分发挥漆膜的作用,达到汽车涂装的质量要求。另外,施工方法与涂层的质量也有相当大的关系,如漆膜的厚度,均匀度,干燥程度,稀释剂的使用,施工环境(温度、相对湿度),涂装表面的预处理等也会影响底漆的涂装质量。

2. 底漆的种类

1) 侵蚀底漆

侵蚀底漆也称为洗涤底漆、磷化底漆,其主要成分为聚乙烯醇缩丁醛树脂和防锈的铬酸锌颜料,在其中加入主要由磷酸制成的固化剂,直接施涂到裸金属上,在裸金属表面上形成化学转化涂层,可以改进底材的防锈能力,并且能提高下一涂层的附着力(可以喷中涂或双组分素色烤漆),虽然有单组分类型,但是双组分类型可以提供更佳的防锈和附着特性。侵蚀底漆不可以刮原子灰,喷银粉漆。

2) 环氧底漆

以环氧树脂为主要成膜物质制成的底漆品种较多,有高温烘烤底漆、双组分底漆、单组分常温自干底漆。环氧底漆附着力强,漆膜坚韧持久,对许多物体表面有较强的粘合力,但涂料耐光性差、易粉化,因此只适合用作底漆。在要求较高或湿热环境下使用的车辆一般应该使用环氧底漆。由于汽车经常受到强烈的冲击、振动以及磨损,还要受到各种多变的气候条件影响,以及酸、碱、盐的侵蚀,需要有一种很好的保护层来阻挡。当汽车涂层要进行较大的整修工作时,双组分环氧底漆就是最佳的选择,其附着力、耐腐蚀性能、封闭性、耐化学品性能以及耐碱性能都非常突出,而且漆膜柔韧性好、硬度高,对镁铝合金以及轻金属、钢铁、玻璃钢都有很好的附着力。并且双组分环氧底漆能与多种面漆配套使用。

3)聚氨酯底漆

聚氨酯底漆是一种双组分类底漆,主要由醇酸树脂组成,用聚异氰酸脂作为硬化剂,它的防锈及附着特性极好,也是常用的底漆之一。

4)硝基底漆

硝基底漆主要由硝酸纤维和醇酸树脂组成,不过其防锈和附着特性不如双组分类底漆那么强,且硝基底漆是可以被还原的,不可以在上面直接刮涂原子灰,目前只用在打磨露出小部分裸金属上。各种底漆性能见表4-1。

底漆性能比较　　　　　　　　　表4-1

性　能	类　型			
	侵蚀底漆	硝基底漆	聚氨酯底漆	环氧底漆
防锈	差	差	好	好
附着	好	差	一般	好
固化	好	好	一般	差

3.底漆施工

在维修中,为防止金属生锈和增加附着力,要在裸露金属区域喷涂底漆。虽然底漆有单组分和双组分两种,但是一般使用双组分底漆,因为有些原子灰不能很好地附着在底漆上。此处以环氧底漆为例,具体的施工步骤如下。

(1)清洁除油:如图4-1所示。

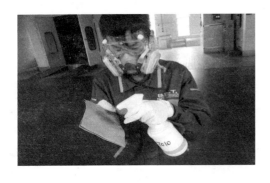

a)　　　　　　　　　　　　　　　b)

图4-1　清洁除油

(2)遮蔽:遮蔽无须喷涂区域的周围,如图4-2所示。

a)　　　　　　　　　　　　　　b)

图 4-2　遮蔽

（3）调配底漆，如图 4-3 所示。如果损伤区域较深，需要刮涂原子灰，则应在该区域施涂双组分底漆，为原子灰的施工提供良好底材。环氧底漆按要求比例添加硬化剂。如损伤区不需要刮涂原子灰，则可使用单组分、快干类型底漆。如洗涤底漆按要求添加稀释剂。

a)底漆耗材与工具　　　　　　　　　b)底漆调配

图 4-3　调配底漆

（4）喷涂：使用 1.6～1.7mm 口径喷枪喷涂一薄层（15～20μm），如图 4-4 所示。

（5）干燥：底漆在 60℃的温度下烘烤 30min 后方可刮涂原子灰，如图 4-5 所示。

图 4-4　喷涂底漆　　　　　　　　图 4-5　底漆干燥

（6）研磨底漆：研磨底漆时应使用红色菜瓜布或 P240～P320 砂纸研磨，如图 4-6 所示。

（7）清洁除油。

图 4-6　底漆研磨

习　　题

一、判断题
1. 车辆在进车间之前应该进行清洁,这样可以防止油污进车间。（　　）
2. 油污会使漆膜产生"鱼眼"毛病,水残留在漆膜上会使油漆起包。（　　）
3. 根据不同底材的实际情况,在预处理中要使用不同的清洁剂。（　　）
4. 钢铁材料、塑料件需用除静电清洁剂彻底清洁。（　　）
5. 专业化学清洁剂可以去除硅脂、蜡、油脂和油。（　　）
6. 虽然底漆有单组分和双组分两种,但是一般使用单组分底漆。（　　）
7. 侵蚀底漆也称为磷化底漆。（　　）
8. 聚氨酯底漆是一中双组分底漆。（　　）
9. 硝基底漆是不可以还原的,可以在上面刮涂原子灰。（　　）
10. 涂装表面的预处理不会影响底漆的涂装质量。（　　）

二、选择题
1. 专业化学清洁剂可以去除(　　)、蜡、油脂和油渍。
   A. 水　　　　　　B. 灰尘　　　　　　C. 硅脂　　　　　　D. 颗粒物
2. (　　)导致漆膜上"起泡"。
   A. 水　　　　　　B. 硅油　　　　　　C. 盐污染
3. 底漆烘烤时需(　　)℃(　　)min 才能干燥。
   A. 50,20　　　　B. 60,20　　　　　　C. 60,30
4. 在使用清洁剂清洁时应(　　)。
   A. 喷洒清洁剂后马上擦除
   B. 喷洒清洁剂后,等清洁剂完全挥发后再使用除油纸擦拭
   C. 喷洒清洁剂后,等其将油污溶解后再使用除油纸擦拭
   D. 以上都不对
5. 用细蜡擦拭涂层表面,若有颜色掉落,则说明该漆层是(　　)。
   A. 单工序　　　　B. 双工序　　　　　　C. 三工序

6. 研磨底漆时应选用( )砂纸。
   A. P180　　　　　B. P120　　　　　C. 红色菜瓜布

7. 喷涂底漆时应( )。
   A. 喷涂两遍　　　B. 打蜡　　　　　C. 打磨

8. 检查单组分/双组分的方法是( )。
   A. 溶剂擦拭　　　B. 打蜡　　　　　C. 打磨

9. 清洁塑料板件时应选用( )。
   A. 除硅除油剂　　　　　　　　　　B. 脱脂清洁剂
   C. 金属清洁剂　　　　　　　　　　D. 通用塑料清洁剂

10. 清洁板件时应穿戴( )防护用品。
    A. 工作鞋　　　B. 工作服　　　C. 抗溶剂手套　　　D. 防毒面罩
    E. 防尘口罩　　F. 棉纱手套　　G. 护目镜

11. 喷涂底漆时应穿戴( )防护用品。
    A. 防静电工作服　B. 工作鞋　　　C. 工作服　　　　D. 防毒面罩
    E. 棉纱手套　　　F. 抗溶剂手套

12. 喷涂底漆时选用的喷枪口径是( )。
    A. 1.6mm　　　　B. 1.3mm

13. 用直尺对损伤程度进行评估时，直尺不能有( )。
    A. 变形　　　　　B. 刻度　　　　　C. 毛刺

14. 车辆漆面上的油污可用( )清除。
    A. 水　　　　　　B. 洗衣粉　　　　C. 专用清洁剂

15. 如果漆面上残留油污,很可能导致( )出现。
    A. 鱼眼　　　　　B. 针孔　　　　　C. 渗色

16. 喷涂底漆时喷枪气压为( )。
    A. 1~6bar　　　　B. 1.8bar　　　　C. 2.0bar

17. ( )导致漆膜产生"鱼眼"。
    A. 水　　　　　　B. 灰尘　　　　　C. 颗粒　　　　　D. 油污

18. ( )底漆也称为洗涤、磷化底漆。
    A. 环氧底漆　　　B. 侵蚀底漆　　　C. 聚氨酯底漆　　D. 硝基底漆

三、连线题

侵蚀底漆　　　　　　　　　　这是一种双组分底漆,主要由醇酸树脂组成
环氧底漆　　　　　　　　　　主要由硝酸纤维和醇酸树脂组成
聚氨酯底漆　　　　　　　　　也称为洗涤底漆和磷化底漆
硝基底漆　　　　　　　　　　是以环氧树脂为主要成膜物质制成的底漆

项目五　原子灰认知

完成本项目学习后,你应能:
1. 说出原子灰的作用;
2. 列举出原子灰的种类;
3. 识别出原子灰的特性并学会选择使用不同的原子灰;
4. 学会选择、使用原子灰调配工具的方法及个人安全防护的方法;
5. 学会原子灰的调配方法。

4学时。

1. 原子灰的作用

原子灰是一种糨糊状面漆的下涂层,用于填补深的凹穴,以产生一个平滑的表面。有不同类型的原子灰,要根据不同的底板材料去选择适合的原子灰。通常用刮刀施涂厚涂层来填补凹陷,然后用打磨工序来磨平。原子灰主要是用来填补被施工工件不平整的地方,一般呈糨糊状,体质颜料含量高,涂层的厚度可能会导致机械性能强度差,产生脱落。目前流水线生产工艺大幅度提升,新车已不再使用原子灰,仅用于汽车修补用涂。

原子灰能使受到损坏的底材恢复到原有的形状,是一种快速而低成本的修补方法。但施涂原子灰不能代表钣金的所有修理工作。在施涂原子灰前底材要达到一定的要求,如合理的钣金件安装,表面平整度的变形量不应超过2mm,底材不应有裂口或未焊接的接缝等。否则,过厚的原子灰层会降低涂层的性能,裂口和缝隙会吸进潮气,导致锈蚀的产生,最终会破坏原子灰和金属的结合。汽车在行驶中的振动和应变,会使过厚的原子灰层及处理不当的钣金件变形,造成原子灰层的开裂、脱落。除此以外,根据汽车涂层的质量要求,合理选择原子灰及正确的施工方法也是非常重要的,它关系到能否发挥原子灰填补缺陷的能力、施工性能、施工速度和涂层的使用寿命。聚酯原子灰是双组分的,由过氧化物作为固化剂,使浆状物最终变成固体。原子灰是怎样成膜的?聚酯填补原子灰含有一种树脂、一种填充物(例如滑石粉)、颜料和添加剂。树脂是一种溶解在苯乙烯里的非饱和聚酯树脂(UP树脂)。加入硬化剂(过氧化物)后,在聚酯树脂和苯乙烯之间发生剧烈的共聚反应。这种反应生成三维交联网,由聚酯树脂和苯乙烯构成,即原子灰硬化。另外,原子灰材料只有在生成20%左右的交联网时才开始凝胶。上文中有一点很重要,应当记住,苯乙烯是交联网构成部分。苯乙烯不是主要的溶剂,而是一种重要的参与聚合反应的有机化合物。如果有太多的苯乙烯在凝胶前通过蒸发而流失,硬化过程可能不能完全。多用途产品具有其局限性,修补漆的作业变得越来越细化,因此原子灰产品应该与手上的特定的作业尽量地匹配,从技术的角度讲,这当然是有道理的。而另一方面,生产商又试图使其产品结构范围尽量小。这当然是考虑到成本原因,此外,也是由于力图不使客户混淆。这是多用途产品供应量增加的原因之一。

填补原子灰的发展趋势如何?最突出的特点是具有精细的表面和处理时间短,尤其是关于干燥性能和打磨性能。一般情况下,车身原子灰是否适用红外线干燥?红外线干燥是一个很微妙的问题。原子灰硬化过程由一种高灵敏的化学过程而产生。如果原子灰过早或过强地暴露在红外线中,这种过程就会被干扰。结果就像是添加了错误剂量的硬化剂。因此,产品技术说明书上指出经过测试的干燥时间。

使用填补原子灰时最常见的错误是添加的硬化剂太少,这可能导致有缺陷的硬化和成膜困难,从而使外涂层失去光泽。添加太多的硬化剂,则可能造成过氧化物"渗色",残余太多未用的催化剂可能使表面涂层变色。

成膜过度,这可能造成硬化过程中或硬化后产生裂纹。成膜不足可能造成原子灰不完全硬化,不能牢固附着在底材上。该种错误还造成另一个后果,即可能有渗色的倾向,而这种后果可能因下列情形而变得严重:①填充中涂漆时,固化剂添加不正确;②使用湿喷漆系统缩短了闪干时间。

错误的填补原子灰温度,即车身原子灰温度低于15℃,可能给刮涂性能和材料的延展性带来负面影响,从而影响表面质量。通常,最常见的错误如硬化剂添加过度或不足等,可以通过采用分配器系统来避免。该分配器系统应当带有一个用于调整硬化剂和原子灰配送量的配送阀,从而确保两种成分测量准确。除了可以采用手工操作方式,还可以采用气动分配器。如果需要手动添加硬化剂,最好使用电子秤。原子灰功能和分类如图5-1所示。

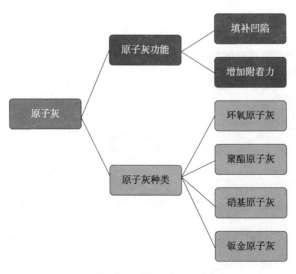

图5-1　原子灰功能和分类

2. 原子灰的种类

1）环氧原子灰

这是一种双组分类原子灰，主要由环氧树脂组成，使用胺作为固化剂。由于环氧原子灰的附着力极好，常常用于修理塑料零件。至于固化、成形和打磨特性，该材料不及聚酯原子灰。

2）钣金原子灰

钣金原子灰应用于汽车车身的金属板材、各种硬塑料、玻璃钢损伤的修复。

3）聚酯原子灰

这是一种双组分类原子灰，主要由环氧树脂组成，使用有机过氧化合物作为固化剂。不同的供应商销售不同类型的原子灰，以满足不同应用的要求。此类原子灰一般均含有体质颜料，可以施涂成厚涂层，并且容易打磨，但是可能会产生粗糙的纹理。

4）硝基原子灰

这是一种单组分原子灰，主要由硝酸纤维和醇酸或丙烯酸树脂组成。主要用于填补划痕、针孔或者在中涂底漆施涂以后留下的浅的凹穴。俗称填眼灰、小灰等，有硝基型及双组分型，既可用于刮涂操作，也可用于喷涂操作，颜色有白色、红色、黄色等，可根据需要选用。主要适用于填嵌原子灰施工后产生的砂痕、砂孔以及物体表面上的微弱凹陷，此类原子灰颗粒细腻、快干、易打磨，原子灰边缘平滑。

目前修补型原子灰主要是不饱和聚酯原子灰，是双组分型，由过氧化物作为固化剂，使浆状最终变成固体。

3. 调配原子灰

在混合多功能原子灰前必须将原子灰和硬化剂分别搅拌均匀，然后根据损伤情况调配适量的原子灰。原子灰混合比例：1%~3%（质量比）添加硬化剂，充分混合。原子灰在使用前一定要充分搅拌，如果固化剂过多，干燥后就会开裂；如果固化剂过少，就难以固化干燥。近来有一种方法将主剂和固化剂采用不同的颜色区别，通过其混合后的颜色来判断其混合比例。原子灰的最低反应温度不能低于+5℃，烘烤温度不可太高，最好不要超过+50℃。原子灰的调配如图5-2、图5-3所示。

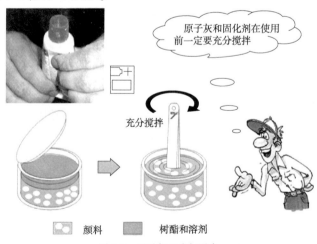

图5-2 原子灰组成与混合

原子灰罐每次使用后必须盖好,以防溶剂蒸发。取出原子灰以后,不要在罐口刮除粘在混合棒上的原子灰。所有粘在罐口的原子灰最后都会固化,并跌入罐内,如果有原子灰粘在固化剂口上,就会发生化学反应,引起固化剂固化。因此,不要将固化剂直接挤到原子灰基料上。

图 5-4a)、b)是鹦鹉牌 839-20 多用途填补原子灰及固化剂,用它作为粗原子灰修补较深的凹痕,并平整整个金属车体底材的修补区域至完好表面之间的过渡区。

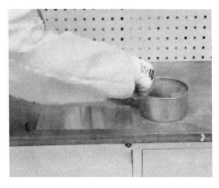

图 5-3 原子灰搅拌

a)鹦鹉牌839-20多用涂填补原子灰

b)鹦鹉牌948-36多用涂填补原子灰固化剂

图 5-4

原子灰调配方法及注意事项如表 5-1 所示。

原子灰调配方法　　　　　　　表 5-1

物料	混合	图例		注意事项
原子灰	100%	混合比例	不按比例混合	原子灰和固化剂应当均匀混合,必须避免原子灰出现任何大理石纹效果或未混合的固化剂。不按照规定的比例混合,或原子灰和固化剂混合不充分,将会影响面漆涂层的颜色,并造成可见色斑。混合后,在 20℃ 天气下活化时间为 4～5min
固化剂	1%～3%			

原子灰产品里的小孔和残余空气在一段时间后会形成下陷,在面漆表面形成明显的凹陷失光。由于原子灰都具有吸湿性(吸水性),因此聚酯类产品只能采用干研磨。否则,残留的水会很快造成起泡,损害涂层,缺陷如图 5-5 所示。

原子灰调配的方法步骤如下。

(1) 工具与材料准备

如图5-6、图5-7所示。

图5-5 原子灰起泡

图5-6 原子灰与固化剂

图5-7 调配原子灰工具(尺寸单位:mm)

(2) 防护用品的使用

工作衣帽:除了防止涂料施工者身上粘上涂料外,也可有效地减少灰尘,有些保护服装是由防静电材料制成的。

护目镜:防止涂料、稀料进入眼睛,以及防止打磨时产生的原子灰或金属颗粒进入眼睛。

过滤器型面具:是一种防止有机气体(与有机溶剂蒸气混合的空气)从嘴或鼻子吸入的保护装置。有两种类型,即空气管道型和滤芯式。

抗溶剂手套:防止有机溶剂透入皮肤,除了用在工作喷涂以外,也用于施工封闭剂的时候。

安全鞋(抗静电鞋):这些鞋的脚趾部分上面有金属板,鞋底厚,用于保护脚。这些鞋有防静电的特点。

(3) 调配原子灰

先将罐内主剂调和均匀,底面黏度一致,以利于刮涂和固化。固化剂要先打开管盖将空气挤出,然后拧上管盖,用手掌在管外揉搓使固化剂均匀。具体调配如图5-8所示。

调配时用刮刀把主剂拨在托板上,固化剂按主剂的1%~3%的比例添加。第一次应用刮刀上下混合,并将调配的原子灰堆集在中间,第二次仍应用刮刀上下将原子灰混合,后将堆集的原子灰反复混合,并注意原子灰的混合密度。双组分原子灰一定要用多少配多少,配好的原子灰不可以放置很长时间再使用。图5-9为原子灰调制过程。

图 5-8　调配原子灰

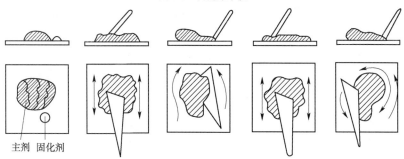

图 5-9　原子灰调制过程

习　　题

一、判断题

1. 原子灰能使损坏的底材恢复到原有的形状,是一种快速而低成本的修补方法。
（　　）

2. 过厚的原子灰层及处理不当的钣金件变形,由于汽车行驶中的振动和交变应力作用,会使原子灰层开裂、脱落。（　　）

3. 汽车涂层修补中使用的原子灰种类很多,根据被施工件的质量要求、表面材质以及原子灰的功能进行选用。（　　）

4. 原子灰是通过化学反应而硬化的,不用的原子灰不要丢进装有蘸过有机溶剂的棉纺织品或纸制品的垃圾桶内。（　　）

5. 经过配制后的原子灰仍可以再装入原来的容器中,以备下次再用。　（　）
6. 实操训练时可以私接电源,如手机充电器或使用大功率用电器。　（　）
7. 学生严禁在实训教室内打牌、吸烟、随地吐痰、乱扔杂物。　（　）
8. 原子灰对金属附着力比涂料好。　（　）

二、选择题

1. 在进行原子灰调配时,应选择以下哪些防护用品？（　　）
   A. 工作服　　　　B. 防静电工作服　　C. 橡胶手套　　　D. 棉纱手套
   E. 护目镜　　　　F. 防毒面具　　　　G. 防尘口罩　　　H. 工作帽子

2. 灭火器的结构包括压把、保险销、压力指针和（　　）。
   A. 生产日期　　　B. 出产厂家　　　　C. 喷嘴

3. 在涂原子灰前底材表面平整度的变形量不应超过（　　）mm。
   A. 2　　　　　　　B. 3　　　　　　　　C. 5

4. 原子灰由树脂、填料、少量颜料配制而成,使用时要和（　　）调配后才能使用。
   A. 固化剂　　　　B. 稀释剂　　　　　C. 溶剂

5. 调配聚酯原子灰,一般固化剂的比例是（　　）。
   A. 10%～20%　　　B. 1%～3%　　　　　C. 5%～10%

6. 原子灰混入过量硬化剂后会产生什么效果？（　　）
   A. 原子灰不能完全硬化　　　　　B. 漆面日后会产生渗色效应
   C. 不会有问题　　　　　　　　　D. 干燥速度加快

项目六 原子灰刮涂与干燥

学习目标

完成本项目学习后,你应能:
1. 正确使用个人安全防护用品;
2. 说出原子灰的刮涂流程与方法;
3. 学会原子灰的干燥方法。

建议学时

4学时。

1. 原子灰刮涂的工具及个人安全防护

1)工具与材料准备

(1)原子灰刮涂工具如图6-1所示。

(2)原子灰刮涂材料如图6-2所示。

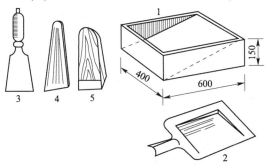

图6-1 刮涂原子灰工具(尺寸单位:mm)

图6-2 原子灰与固化剂

2)防护用品的使用

(1)工作衣帽

除了防止涂料者身上粘上涂料外,也可有效地减少灰尘,有些保护服装是由防静电材料制成的。

(2)护目镜

护目镜防止涂料、稀料进入眼睛,以及防止打磨时产生的原子灰或金属颗粒进入眼睛。

图6-3 原子灰刮涂安全防护用品具体穿戴

(3)过滤器型面具

过滤器型面具是一种防止有机气体(与有机溶剂蒸气混合的空气)从嘴或鼻子吸入的保护装置。有两种类型,即空气管道型和滤芯式。

(4)抗溶剂手套

这些手套防止有机溶剂透入皮肤,除了用在工作喷涂外,也用于施工封闭剂时候穿戴。

(5)安全鞋(抗静电鞋)

这些鞋的脚趾部分上面有金属板,鞋底厚,用于保护脚。这些鞋有防静电的特点。

原子灰刮涂安全防护用品具体穿戴如图6-3所示。

3)原子灰刮涂工具的使用

刮刀有多种握法。

①直握法,如图6-4所示。

②横握法,如图6-5所示。

③其他握法,如图6-6所示。

 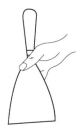 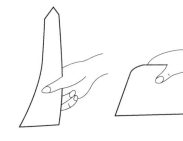

图6-4 直握法　　　　图6-5 横握法　　　　图6-6 其他握法

2. 原子灰的刮涂

双组分原子灰一定要用多少配多少,配好的原子灰不可以放置很长时间再使用,原子灰调制过程结束后立即进行刮涂原子灰操作。

1)刮涂第一层原子灰

对较大凹坑可选用较宽的硬刮具刮涂,刮刀与底材倾斜角以50°~60°为适宜。刮涂原子灰时,主要以高处为准,对特别高的部位,应由钣金工敲平,以减少原子灰层的厚度,方便施工,不要为了一次刮平而使原子灰层厚度超过1mm。刮涂第一层原子灰时只求平整,不求光滑。原子灰是一种糨糊状面漆的下涂层,用于填补深的凹穴,以产生一个平滑的表面。有不同类型的原子灰,要根据不同的底板材料选择适合的原子灰。通常用刮刀施涂厚涂层来填补凹陷,然后用打磨工序来磨平。对汽车车身表面较大的凹坑刮涂只要求初步平整,刮涂方向横、竖均可,以有利于填平凹坑为准则。如果是弧形车身表面应按图6-7所示的方向施工操作。

对汽车车身表面折口及轮廓线的损坏处,刮涂时要注意造型及平直性,如图6-8所示,为以后刮涂各层原子灰打下良好的基础。

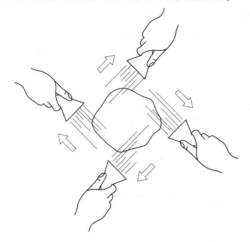
图6-7 弧形表面原子灰刮涂操作

图6-8 刮涂要注意原车身弧度造型

2）刮涂第二层原子灰

汽车车身平面处仍用硬刮具刮涂，但对圆弧较小部位也可适当使用橡皮刮具或塑料刮具。此层原子灰仍以填平为主，不求光滑，厚度应比第一层稍薄，局部刮涂时的面积应略大于第一层原子灰的面积，满刮时要注意构件边缘原子灰的平直性。第一层刮涂时与上一层原子灰的接口应错开，即不要使各层原子灰的接口在同一部位，以免产生缺陷。满刮原子灰层应注意刮涂方向，应顺着流线型方向（按汽车造型水平方向），并遵循从上到下、从右到左的原则，刮涂时尽可能拉长一些，以减少刮涂接口。

3）刮涂第三层原子灰

应使用弹性较好的橡皮刮具或塑料刮具，平面处也可用硬刮具。这一层原子灰主要填充前两层原子灰留下的砂孔、砂纸痕迹以及遗漏的轻微凹陷。施工原则是以光滑为主，兼顾平整性。刮涂时以手的压力与刮具弹性相结合，使刮涂的原子灰层平整光滑。满刮原子灰层方向与第二层原子灰操作相同，局部刮涂时的原子灰层面积稍大于第二层原子灰的面积，同时注意原子灰层边缘与旧涂层的过渡。对于汽车车身表面若隐若现的轮廓外形线，刮涂时要注意其平直性。

4）刮涂第四层原子灰

使用硬一些的刮具刮涂第三层可能遗留下来的微小砂孔及砂纸痕迹。利用硬刮具的刮口薄而均匀地刮涂一层光滑原子灰，局部刮涂的原子灰层面积可扩大一些，以消除旧涂面上打磨前几层原子灰时可能遗留下来的砂纸痕迹，确保喷涂工作顺利进行。

5）刮涂原子灰时应注意的事项

普通原子灰不能直接用在镀锌板上，只有专用的钣金原子灰才可以。固化剂太少会导致原子灰干燥慢，干燥后与金属结合力差，易起泡、剥落，打磨时原子灰边缘平滑性差。固化剂太多会导致反应过快，产生的热量不能及时散出，易产生气孔，还会使面漆产生原子灰印，影响整个涂层的质量。原子灰主剂与固化剂配制后，要在可使用时间内用完，经过配制后的原子灰不能再装入原来的容器中。工具使用完毕后，应立即用稀释剂清洗干净，以免凝结而损坏工具。不要把原子灰刮涂在酚醛底漆、醇酸底漆和磷化底漆上,以免产生脱落、起泡现象。打磨原子灰时,不要在周围的旧涂面上留下打磨痕迹。原子灰刮涂层间不需要涂底漆,第一层原子灰稍干即可重叠刮涂第二层原子灰,不会发生面层封闭而使底层原子灰不干的现象。归纳起来有以下几点:

(1)刮涂前被涂装表面必须干透。

(2)应在一两个来回内刮平。

(3)刮涂时,四周的残余原子灰要及时收刮干净。

(4)如果需要刮涂的原子灰层较厚,或多层刮涂时,每刮一道都要充分干燥。

(5)原子灰刮涂工具用完后,要清洗干净再保存。刮刀口及平面应平整无缺口,以保障刮涂原子灰的质量。

(6)夏季天气炎热,温度较高,原子灰容易干燥,成品原子灰可用稀料盖在上面;冬季放在暖处,以防结冻,用时可加些清漆和溶剂。

(7)如果刮刀在各道施涂中,仅向一个方向移动,原子灰高点的中心就有所移动。这种情况很难打磨,所以刮刀在最后一道时必须反向移动,以便将原子灰高点移回中央。

(8)原子灰必须比原来的表面高。

(9)原子灰施涂在工件表面上的范围,必须以磨缘过程中留下的打磨划痕为限。

(10)施涂原子灰要快。

(11)原子灰在固化中会产生热。一定要确认原子灰已经凉透了,才能将之弃置。

3. 原子灰的干燥

新施涂的原子灰会由于其自身的反应热而变热,从而加速固化反应。一般在施涂以后 20~30min 即可打磨。如果气温低或湿度高,原子灰的内部反应速度降低,从而需要较长的时间来使原子灰固化。为了加快固化,可以加热,例如红外线灯(图6-9)或干燥机。加热时,板件温度应控制在50℃以内。

图6-9 红外线烤灯

1)红外线烤灯安全操作规程

(1)使用红外线烤灯前,先确认电源安全。

(2)使用时不得受潮,不得离易燃物品太近,或烘烤与工作无关的东西。

(3)烘烤时不得离板件太近,工作时不得超负荷使用。

(4)电压不稳的情况下,不得使用烤灯,随用随关。

(5)使用时电源线就近取电。

使用红外线烤灯应注意:

(1)每天使用完后需清洁烤灯表面,及时处理污物。

(2)每周要认真维护,检查各接线部位、整流管开关、调整开关、红外线灯管,发现问题及时处理。

2)原子灰干燥设备

原子灰干燥设备,如图6-10~图6-13所示。

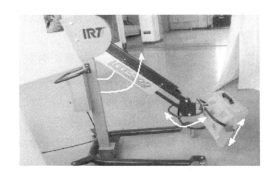

图 6-10　调整灯光的位置

图 6-11　控制面板

图 6-12　测量烘烤距离

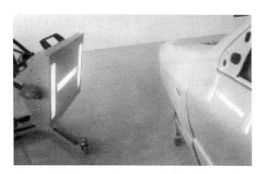

图 6-13　开始烘烤

3）原子灰干燥技术参数

原子灰干燥技术参数见表 6-1。

原子灰干燥要求　　　　　　　　　　　　　　　　　　　　表 6-1

干燥方式	干燥时间	注 意 事 项
20℃自然干燥	20~30min	在用红外线干燥原子灰时,应选用短波红外线烤灯,烤灯的温度应在60℃以下,距离根据红外线烤灯的功率调整,一般为 70cm 以上,烘烤时间在 5min 左右即可
60℃红外线干燥	4~5min	

4）原子灰干燥的检查

检查原子灰是否干燥应检查薄的区域：因为涂层薄的地方温度往往比涂层厚的地方低，使涂层薄的部位固化反应速度减缓。因此，一定要检查涂层薄的部分，以此来确定原子灰的固化状态。

习　　题

一、填空题

1. 原子灰刮涂工具的使用：刮刀的握法有_____、_____、_____。

2. 双组分原子灰一定要_____，配好的原子灰_____，原子灰调制过程结束后立即_____。

3. 刮涂第一层原子灰用_____，对较大凹坑可选用_____，刮刀与底材倾斜适宜。刮涂原子灰时，主要以_____，对特别高的部位，应由_____，以减少_____，_____，不要为了一次刮平而使原子灰层厚度超过_____。刮涂第一层原子灰时只求_____，不求_____。

4. 刮涂第二层原子灰，汽车车身平面处仍用_____，但对圆弧较小部位也可适当使用_____。此层原子灰仍以_____，厚度应比第一层_____，局部刮涂时的面积应_____，满刮时要注意构件边缘原子灰的_____。第一层刮涂时与上一层原子灰的接口应_____，即不要使各层原子灰的接口在_____，以免产生_____。满刮原子灰层应注意_____，应顺着_____方向，并遵循_____原则，刮涂时尽可能_____，以减少_____。

5. 刮涂第三层原子灰应使用弹性较好的_____，平面处也可用硬刮具。这一层原子灰主要填充前两层原子灰留下的_____。施工原则是_____。刮涂时_____，使刮涂的原子灰层_____。满刮原子灰层方向与第二层原子灰操作_____，局部刮涂时的原子灰层面积_____，同时注意_____。对于汽车车身表面若隐若现的轮廓外形线，刮涂时要注意其_____。

6. 检查原子灰是否干燥应检查_____：因为涂层薄的地方_____往往比涂层厚的地方温度_____，使涂层薄的部位固化反应速度_____。因此，一定要检查涂层薄的部分，以此来确定原子灰的_____。

二、判断题

1. 经过配制后的原子灰仍可以再装入原来的容器中，以备下次再用。（   ）
2. 红外线加热与被加热材料对红外线能量吸收有关。（   ）
3. 红外线辐射能量与传播距离无关。（   ）
4. 金属刮板属于软刮板的一种。（   ）
5. 橡胶刮板适用于平面缺陷的填补。（   ）
6. 打磨第一道原子灰只求平整，不求光滑。（   ）
7. 原子灰的涂刮范围应超出羽状边范围。（   ）
8. 刮涂原子灰可代替钣金所做的工作。（   ）

三、不定项选择题

1. 在涂原子灰前底材表面平整度的变形量不应超过（   ）mm。
   A. 2   B. 3   C. 5

2. 原子灰由树脂、填料、少量颜料配制而成，使用时要和（   ）调配后才能使用。
   A. 固化剂   B. 稀释剂   C. 溶剂

3. 原子灰刮涂时，第一道应（   ）。
   A. 填上整个凹陷   B. 覆盖在羽状边上
   C. 将凹陷最深处的空气挤出

4. 原子灰若使用红外线灯或干燥机加热，应保持（   ）的温度。
   A. 50℃   B. 60℃   C. 70℃

5. 红外线干燥设备的特点是（   ）。

A. 结构简单 B. 效率高

C. 投资少 D. 占地面积小

E. 与受热件距离无关

6. 红外辐射干燥的速度与下列哪些因素有关？（　　）

A. 辐射源与受热面的距离 B. 受热面的颜色

C. 受热件的形状 D. 受热件的材质

E. 受热件的质量

7. 刮涂原子灰一次刮涂的原子灰层厚度不要超过多少为好？（　　）

A. 2mm B. 3mm C. 5mm D. 10mm

8. 过厚的原子灰层会降低涂层的机械强度，故原子灰厚度不应超过多少为好？（　　）

A. 2mm B. 3mm C. 5mm D. 10mm

四、简答题

简述原子灰刮涂的注意事项。

项目七　原子灰研磨

学习目标

完成本项目学习后,你应能:
1. 知道原子灰的研磨流程;
2. 学会原子灰的研磨方法;
3. 说出原子灰的研磨工艺;
4. 正确使用个人安全防护用品。

建议学时

4学时。

1. 原子灰研磨的工具及个人安全防护

1)工具与材料准备

(1)干磨设备的种类

按照不同的吸尘方式,干磨设备可分为移动式、中央集尘式和简易袋式三种类型,如图7-1所示。

a)移动式

b)中央集尘式
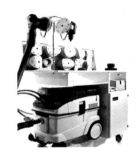
c)简易袋式

图7-1　干磨设备

(2)干磨设备的组成

干磨工具与设备主要包括研磨机、研磨机控制单元、集尘系统及配套管路等,如图7-2所示。

项目七　原子灰研磨

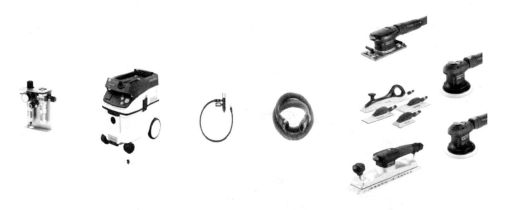

图 7-2　干磨设备的组成

（3）研磨机

研磨机是干磨设备的重要组成部分，是研磨旧漆、原子灰等工作的主要工具。根据运动方式的不同，研磨机可分为单作用式、双作用式和轨道式三种类型。

①单作用研磨机。

单作用研磨机，如图 7-3 所示。单作用研磨机在使用时研磨盘与工件表面应成一定的角度，角度不宜过大，一般在 15°～30°最为合适，故又称锐角打磨机。其研磨速度快，效率高，产生的痕迹较重，在除旧漆、除锈等工作中广泛应用。

 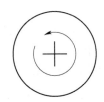 

图 7-3　单作用研磨机

②双作用研磨机。

双作用研磨机，如图 7-4 所示。双作用研磨机的运动轨迹是旋转运动及偏心振动，偏心幅度大小有 7mm、5mm、3mm 三种。不同偏心的研磨机其适用范围也不同，一般偏心越大，振动幅度越大，切削力越强，研磨效率越高，研磨出的痕迹越粗糙；反之，偏心越小，振动幅度越小，研磨出的痕迹越细腻。

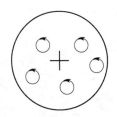 

图 7-4　双作用研磨机

③轨道式研磨机。

轨道式研磨机的运行轨迹是前后左右振动,振动幅度有4mm、5mm两种,多用于大面积原子灰粗、中级研磨,不适合中涂漆的细研磨。轨道式研磨机在研磨原子灰时应平放在原子灰表面,在移动研磨机时也要保证平行移动,这样才能保证研磨出来的原子灰表面平整。轨道式研磨机,如图7-5所示。

图7-5 轨道式研磨机

(4)砂纸的组成

砂纸通常由磨料、底胶、面胶、背材组成。

磨料:分为天然与合成(人造)磨料,提供硬度、尖锐性和韧性。

底胶:磨料与背材的黏胶。

面胶:磨料间的黏胶。

背材:研磨材料(砂粒)的承载体,通常有纸、布、纤维、薄膜、复合体。

(5)砂纸的选用

在研磨时要根据不同的研磨工序选择合适的砂纸,砂纸的选择原则如下:

①根据打磨规则从粗到细,以相差不超过100号的砂纸循序渐进。

②根据油漆的遮盖力选择砂纸,应保证砂纸痕可以被该涂料填充或遮盖。

③底材前处理的砂纸一般是P80~P500,面漆缺陷处理的砂纸一般为P800~P3000。

砂纸的选择如表7-1所示。

砂 纸 的 选 择　　　　　　　　　　　　　　　　　　　　　　　表7-1

工 序	砂 纸			
	P60~P80~P120	P180~P240~P320	P400~P500~P800	P1000~P12000~P1500
除旧漆	→			
磨羽状边		→		
磨原子灰		→		
磨中涂漆			→	
抛光前处理				→
驳口区研磨				→

2）防护用品的使用

工作衣帽：除了防止涂料者身上粘上涂料外，也可有效地减少灰尘，有些保护服装是由防静电材料制成的。

护目镜：护目镜防止涂料、稀料进入眼睛，以及防止打磨时产生的原子灰或金属颗粒进入眼睛。

防尘口罩：是一种防止灰尘从口鼻吸入的保护装置。

棉纱手套：这些手套防止手部受到外部利器和尖锐物体的伤害。

安全鞋（抗静电鞋）：这些鞋的脚趾部分上面有金属板，鞋底厚，用于保护脚。这些鞋有防静电的特点。原子灰研磨时个人安全防护用品穿戴如图7-6所示。

3）研磨房安全操作规程

（1）使用前确保电源、气源安全运行，无漏电、漏气。

（2）需在进入打磨房、使用打磨机之前开启抽、排风系统。

（3）打磨机就近使用。

（4）勿将工具车放置于打磨房地板格栅上。

（5）需确认操作板件平稳放置于研磨房地板格栅上。

（6）打磨机使用后需按要求清洁和维护。

研磨房如图7-7所示，应定期清洁检查。

（1）每天确保研磨房干净，及时处理污物。

（2）定期按要求维护打磨机。

（3）定期按要求维护研磨房抽、排风系统。

图7-6 个人安全防护用品穿戴

图7-7 研磨房

2. 原子灰的研磨

原子灰层彻底干燥后即可打磨，打磨原子灰时注意只能干磨，不能水磨，因为原子灰的吸水性很强，当水磨残留水分不能很好地挥发时，会导致漆膜"起泡""痱子""剥落"、金属底材锈蚀等现象。打磨原子灰层主要是为了取得平整光滑的表面。打磨原子灰层可采用手工或机械干磨，如图7-8所示。用往复式打磨机打磨原子灰表面，机械打磨适用于修补面积较大以及平整的底材,可降低劳动强度,提高工作效率。也可用手工修整车身原子灰层,手工打磨适用于一些形状复杂的底材,如转角、折口、外形线、弧形、凹形部位等,打磨时两种方法可结合使用。

图7-8 原子灰研磨

打磨满刮原子灰层时,以车身流线型水平方向为主,垂直方向、斜交叉方向为辅,注意水平方向与垂直方向、斜交叉方向的平整性,动作要平稳,打磨时磨具的移动方向可参考图7-9所示。在水平方向打磨时来回幅度要大一些,在打磨中要经常用手抚摸打磨后的表面,以测定打磨程度,防止将原子灰层磨穿。底材边口残余原子灰要用砂纸磨平,以防边口呈齿形。打磨局部刮涂的原子灰层时,要注意打磨面的厚度与旧涂面的平整度,既不能高也不能低,打磨难度比满刮原子灰高,原子灰层的边缘既要平整又要和顺。

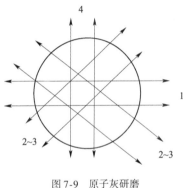

图7-9 原子灰研磨

打磨后应使用菜瓜布清洁,然后吹净表面灰尘,不能使用除油剂或类似清洁剂清洁表面。这时底材应平整光滑、无砂孔、无缺陷,底材边缘无锯齿形,局部涂原子灰边缘应平整光滑且无接口痕迹,否则要进一步刮涂和打磨。

习 题

一、判断题

1. 机械打磨工具都是采用电动的。 (　　)
2. 打磨机研磨光洁度与砂纸粗细有关,与振动幅度大小无关。 (　　)
3. 打磨机振动幅度大,磨原子灰速度快。 (　　)
4. 研磨不同材料应用不同打磨机。 (　　)
5. 研磨不同形状的底材要选用不同的打磨机。 (　　)
6. 原子灰打磨,只能干磨,不能水磨。 (　　)
7. 干磨可分为手工打磨和机械打磨。 (　　)
8. 打磨第一道原子灰只求平整,不求光滑。 (　　)

二、不定项选择题

1. 当进行除漆及干磨原子灰和中涂漆时,你会选择下列哪几种防护器具? (　　)

A. 工作帽　　　　B. 护目镜　　　　C. 工作服　　　　D. 手套

E. 安全鞋　　　　F. 防尘口罩

2. 如何可以有效地清除原子灰表面的磨尘？（　　）

A. 以硅酮去除　　B. 使用吹尘枪吹　　C. 以水洗掉

3. 干磨打磨时，喷漆面涂层后清除细小尘点，机磨打磨用（　　）砂纸。

A. P120～P240　　B. P1000～P2000　　C. P1500～P4000

4. 打磨工具配有不同软硬的打磨垫，磨原子灰一般采用何种磨垫？（　　）

A. 硬磨垫　　　　B. 软磨垫　　　　C. 超软磨垫　　　　D. 耐高温磨垫

5. 打磨工具配有不同打磨垫，研磨带有弧形的工件应选用何种垫？（　　）

A. 硬磨垫　　　　B. 软磨垫　　　　C. 超软磨垫　　　　D. 耐高温磨垫

6. 下列打磨工具哪种形式适用于平面打磨？（　　）

A. 单向旋转式　　B. 轨道式单振动式　　C. 双轨道偏心振动

7. 干磨吸尘方法中哪种吸尘方法适合大型维修站使用？（　　）

A. 中央式多工位吸尘系统　　　　B. 分离式单工位吸尘系统

C. 简易袋式吸尘

项目八　原子灰施工

完成本项目学习后,你应能:
1. 说出原子灰施工的流程和方法;
2. 列举出原子灰的施工注意事项。

2学时。

1. 调配原子灰

在混合多功能原子灰前必须将原子灰和硬化剂分别搅拌均匀,然后根据损伤情况调配适量的原子灰。原子灰混合比例:2%~3%(质量比)添加硬化剂,充分混合。若固化剂过多,干燥后就会开裂;如果固化剂过少,就难以固化干燥。近来有一种方法将主剂和固化剂采用不同的颜色区别,通过其混合后的颜色来判断混合比。

原子灰罐每次使用后必须盖好,以防溶剂蒸发。取出原子灰以后,不要在罐口刮除粘在混合棒上的原子灰。所有粘在罐口的原子灰最后都会固化,并跌入罐内。如果有原子灰粘在固化剂口上,就会发生化学反应,引起固化剂固化。因此,不要将固化剂直接挤到原子灰基料上。

原子灰产品里的小孔和残余空气在一段时间后会形成下陷,在面漆表面形成明显的凹陷失光。由于原子灰都具有吸湿性(吸水性),因此聚酯类产品只能采用干磨。否则,残留的水会很快造成起泡,损害涂层。

2. 原子灰刮涂

1)步骤一:在损伤区刮涂一薄层原子灰

第一次刮涂时,将刮刀倾斜45°~75°,并将原子灰刮在工件表面上,施涂一薄层,以确保原子灰透入哪怕是最小的划痕和针孔,从而增大附着力。为了更好地施工,先在小面积部位涂刮原子灰,然后再逐渐地扩大施涂于较大面积部位。刮涂时使用来回刮涂的方法,具体操作如图8-1所示。

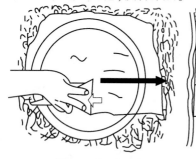

图8-1　原子灰刮涂骤一

2) 步骤二:重复施涂原子灰

第二次时,将刮刀倾斜35°~45°,原子灰施涂的量要略多于所需要的量。在每次施涂以后,都要逐步扩大原子灰施涂的面积。在边缘上一定要涂得薄,形成斜坡,不要产生厚边,具体操作如图8-2所示。

3) 步骤三:遮覆盖整个被修复表面

在最后一次施涂时,刮刀要拿得与工件表面保持一个小于35°左右的小角度,使表面平整,具体操作如图8-3所示。

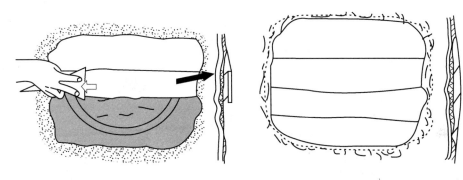

图8-2 原子灰刮涂步骤二　　　　　图8-3 原子灰刮涂步骤三

3. 原子灰干燥

原子灰干燥事项如表8-1所示。

原子灰干燥事项　　　　表8-1

干燥方式	干燥时间	注意事项
20℃自然干燥	20~30min	在用红外线干燥原子灰时,应选用短波红外线烤灯,烤灯的温度应在60℃以下,距离根据红外线烤灯的功率调整,一般为70cm以上,烘烤时间在5min左右即可
60℃红外线干燥	4~5min	

检查原子灰是否干燥应检查薄的区域:因为涂层薄的地方温度往往比涂层厚的地方低,使涂层薄的部位固化反应速度减缓。因此,一定要检查涂层薄的部分,以此来确定原子灰的固化状态。

4. 研磨原子灰

原子灰的打磨可分成两个阶段。第一个阶段是粗整平,在这个阶段主要追求的是研磨效率,以最快的速度将粗糙的原子灰表面初步整平即可;第二个阶段是细整平,在这个阶段追求的是研磨质量,要求原子灰平整、光滑,符合中涂漆施工的要求。

(1) 在粗整平阶段,对于所有打磨操作,应当按照正确的打磨材料型号顺序进行。对于重叠/接口/羽状边区域,采用从最初较粗的P80至最细的P400的顺序,确保较深的打磨痕在每次操作中均被研磨到,从而被除去。在每次换砂纸时应涂打磨指示碳粉,打磨指示碳粉在打磨过程中能清楚地显示打磨的程度,使我们直观地知道磨痕是否去除了,具体操作如图8-4所示。

(2)在细整平阶段,对于所有打磨操作,也应当按照正确的打磨材料型号顺序进行。对于重叠/接口/羽状边区域,采用从最初的 P150 至最细的 P400 的顺序,确保较深的打磨痕在每次操作中均被研磨到,从而被除去。使用吹风枪吹掉被修复表面的灰尘和脏物,吹净原子灰孔中的灰尘,具体操作如图 8-5 所示。

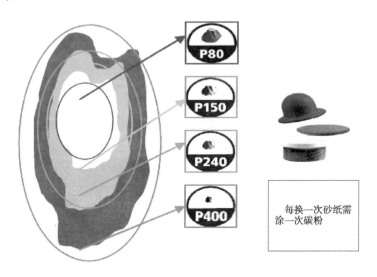

图 8-4　研磨粗填补原子灰砂纸使用顺序

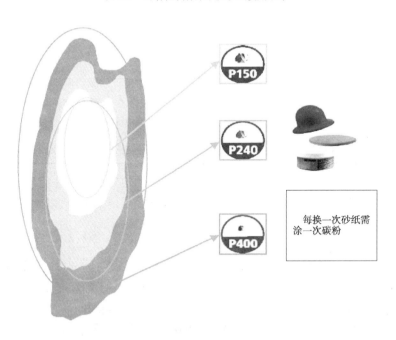

图 8-5　研磨细填补原子灰砂纸使用顺序

注意:聚酯原子灰表面多孔,容易有水或灰尘残留在孔中,因此打磨以后需要用压缩空气吹去灰尘,才可以再次刮涂原子灰。

习 题

一、填空题

1. 原子灰刮涂工具的使用:刮刀的握法有_____、_____、_____。
2. 双组分原子灰一定要_____,配好的原子灰_____,原子灰调制过程结束后立即_____。
3. 检查原子灰是否干燥应检查_____;因为涂层薄的地方_____往往比涂层厚的地方温度_____,使涂层薄的部位固化反应速度_____。因此,一定要检查涂层薄的部分,以此来确定原子灰的_____。
4. 原子灰层彻底干燥后即可打磨,打磨原子灰时注意只能_____,不能_____,因为原子灰的_____,当水磨残留水分不能很好地挥发时,会导致漆膜_____、_____、_____金属底材锈蚀等现象。
5. 打磨原子灰层主要是为了_____。打磨原子灰层可采用_____或_____。
6. 打磨后应使用_____,然后_____,不能使用除油剂或类似清洁剂清洁表面。这时底材应_____,_____,_____,底材边缘无锯齿形,局部涂原子灰边缘应平整光滑且无接口痕迹,否则要进一步刮涂和打磨。

二、不定项选择题

1. 在涂原子灰前底材表面平整度的变形量不应超过( )mm。
   A. 2　　　　　　　B. 3　　　　　　　C. 5
2. 原子灰刮涂时,第一道应( )。
   A. 填上整个凹陷　B. 覆盖在羽状边上　C. 将凹陷最深处的空气挤出
3. 原子灰若使用红外线灯或干燥机加热,应保持( )的温度。
   A. 50℃　　　　　B. 60℃　　　　　C. 70℃
4. 如何可以有效地清除原子灰表面的磨尘?( )
   A. 以硅酮去除　　B. 使用吹尘枪吹　　C. 以水洗掉

三、简答题

1. 简述原子灰刮涂的注意事项。
2. 简述原子灰研磨的注意事项。

项目九　中涂漆的喷涂

学习目标

完成本项目学习后,你应能:
1. 说出中涂漆的功用和类型;
2. 准确叙述说明中涂漆喷涂标准工艺流程;
3. 正确指出中涂漆喷涂时的相关注意事项。

建议学时

2学时。

中涂漆在目前的新车上用来作为中间涂层。中涂漆一般为固体高分子结构,可以实现足够的膜厚(大约40μm);机械性能好,尤其是具有良好的抗石击性;另外,还具有表面平整、光滑,打磨性好,耐腐蚀性、耐水性优良等特点,对汽车整个漆膜的外观和性能起着至关重要的作用。

1. 中涂漆的作用

中涂漆的主要作用是增加面漆涂层与下面涂层的附着力,提高面漆涂层的平整度和丰满度;隔绝和封闭下面涂层,防止面漆往下渗透产生涂膜缺陷;同时也有填充针孔、细小划痕、细小缺陷的能力等。

1) 隔绝性

中涂漆可以很好地防止面漆的溶剂向底层材料渗透,避免与底漆发生不良反应,减少外围漆膜起皱、龟裂、咬色等漆病。另外,中涂漆也进一步隔绝了周围环境与底材的接触,加强了底漆的防锈功能。

2) 附着力

在整个汽车涂层中,中涂漆是无机底材向有机漆膜过渡的一个夹层,内侧的双组分原子灰的多孔表面又为中涂漆提供了很好的附着力,使中涂漆与面漆很容易地附着在一起。

3) 提高装饰性

中涂漆具有很好的流平性,可以很好地提高被涂物表面的平整和光滑度,以提高面漆涂层的鲜亮度和丰满度,进而提高整个漆膜的装饰性。

2. 中涂漆的分类

汽车修补漆的中涂漆品种多,分类方式也多种多样,如根据组分可分为1K和2K中涂漆;根据油漆中的树脂种类可分为硝基中涂漆、聚氨酯中涂漆、丙烯酸中涂漆等。三种常见的中涂漆的特点和用途如表9-1所示。

常见中涂漆的特点和用途　　　　表9-1

中涂漆类型	特　点	用　途
硝基中涂漆	属单组分类型的油漆,干燥迅速,易打磨,经打磨后表面光滑,但成膜较薄	1. 汽车修补漆中要求快干的场合; 2. 装饰性要求不高的部件; 3. 面积较小的区域
聚氨酯中涂漆	属双组分类型涂料,其附着力、耐热性、耐化学性好,填充能力强,干燥较快,打磨性能好,对面漆的保光性很好,在汽车修补漆中应用广泛	可用于各种底漆、原子灰及旧漆层之间
丙烯酸中涂漆	性能比聚氨酯中涂漆差,但其溶解能力较弱,所以不会侵蚀原子灰和底漆,干燥快	底层油漆或旧漆为软涂层

3. 中涂漆喷涂

1) 中涂漆喷涂前

(1) 待喷板件的前处理

①板件研磨。

在喷涂中涂漆之前,要对待喷涂的板件进行必要的处理,喷涂前板件的末道打磨要使用P240或P320砂纸(根据油漆厂家的产品不同有所区别),边角区域打磨可使用红色的百洁布或P400以上的海绵砂纸。打磨完毕以后要进行吹尘。

②遮蔽。

待喷板件的完好区域或者相邻的板件要进行贴护或者遮蔽。喷涂中涂漆时,要对周围的区域进行反向遮蔽,避免产生硬边,如图9-1所示。

③清洁。

板件应先用毛巾擦拭干净,再使用硅除油剂进行清洁,如Akzonobel使用的是M600,鹦鹉系列使用的是541-5或者700-10;塑料件使用专门的抗静电清洁剂,如Akzonobel M700、鹦鹉541-30。

(2) 油漆的准备

第一次使用油漆前,查看油漆罐上的技术信息,如图9-2所示,并按照油漆罐上的技术要求调配油漆。

图9-1　反向遮蔽

图9-2　中涂漆的技术信息

鹦鹉系列的中涂漆有很多种,现以常用的 285-700 灰色中涂漆为例,对油漆罐上主要喷涂信息进行说明,见表 9-2。

鹦鹉牌中涂漆的喷涂技术信息说明　　　　　表 9-2

图　　标	含　　义	285-700 的技术信息
	有问题请查阅产品说明	
	主剂和固化剂、稀释剂的混合比例	体积比 100%:25%:25%
	可以选用的固化剂和稀释剂产品编号	固化剂:929-55,929-56 稀释剂:352-91,352-50,352-216
	活化时间(混合后可以喷涂的时间)	20℃下 1h
	混合比例	体积比 4:1:1
	建议喷涂黏度	20℃下 DIN4 黏度杯 18～22s(一般按照厂家建议的调配比例混合油漆就可以达到要求)
	建议使用喷枪	HVLP,口径为 1.7～1.9mm 的喷枪
	建议喷涂压力	风帽处压力 0.7bar(枪尾压力 2.0bar 时)
	建议喷涂层数及膜厚	喷涂两层达到膜厚 50～70μm

其中固化剂和稀释剂的选择,要根据喷涂面积的大小和喷涂时的喷漆房温度来确定。具体的选用方案见表 9-3 和表 9-4。

根据喷涂面积选用固化剂和稀释剂　　　　　表 9-3

单独板件、小型区域	929-55 快干固化剂	352-50 快干稀释剂或 352-91 标准稀释剂
2 或 3 个板面直到整个侧面	929-65 标准固化剂	352-91 标准稀释剂
大面积	929-65 标准固化剂	352-91 标准稀释剂或 352-216 慢干稀释剂

根据喷漆房温度选择固化剂和稀释剂　　　　　表 9-4

低于 15℃	929-55 快干固化剂	352-50 快干稀释剂或 352-91 标准稀释剂
15～25℃	929-65 标准固化剂	352-91 标准稀释剂
高于 25℃	929-65 标准固化剂	352-91 标准稀释剂或 352-216 慢干稀释剂

以 285-700、929-56、352-91 混合为例,使用上下直径一致的调漆杯,利用油漆厂家的比例尺依次加入油漆及固化剂、稀释剂,如图 9-3 所示。

项目九　中涂漆的喷涂

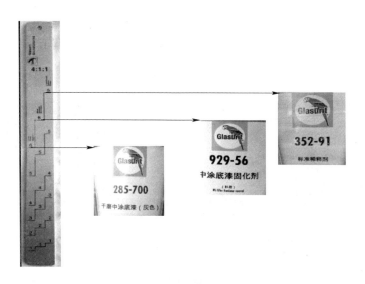

图 9-3　中涂漆的混合

注意：油漆混合前应该充分搅拌均匀，避免颜料沉底。

2）中涂漆喷涂时

（1）个人防护

在进行中涂漆喷涂时，会存在大量的漆雾，其中含有大量的有机溶剂，对人体会有不可逆的伤害。特别是 2K 中涂漆固化剂当中含有的氰化物是一种致癌物质，因此喷涂技师要做好全方位的防护，如图 9-4 所示。

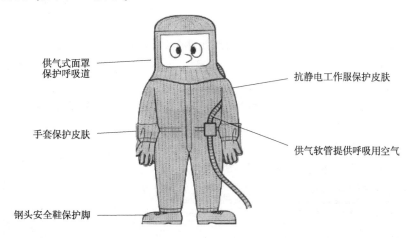

图 9-4　喷涂中涂漆时的个人防护用品

（2）喷枪及相关调整

①喷枪的选用。

喷枪的选用主要考虑喷枪的口径，其次是从喷涂的质量和效率出发选择喷枪。一般选用的喷枪：环氧底漆选用喷嘴直径 1.6mm，雾化类型为 HVLP 的喷枪；中涂漆选用喷嘴直径 1.7~1.9mm，雾化类型为 HVLP 的喷枪。

②喷枪的调整。

喷枪调整的顺序为：先调出漆量，再调喷幅，最后调气压。

a. 出漆量调节：涂料装入喷枪前，先调整出漆量。首先将涂料调节旋钮旋出至最外；然后将扳机扣到底，同时将出漆量调节旋钮旋入至有阻力（此时出漆量为最大），再锁紧旋钮，如图 9-5a) 所示。

a) 出漆量调节

b) 喷幅调节

c) 气压调节

图 9-5　喷枪调整

将混合好的中涂漆充分搅拌后，利用 200～230 筛目数的纸漏斗过滤后倒入喷枪。连接气管后进行喷幅及气压调节。

b. 喷幅调节：喷幅调节到最大，即逆时针旋到底，如图 9-5b) 所示。

c. 气压调节：不同的喷枪类型，需要的气压也是不同的，传统高压喷枪为 3～3.5bar，RP（高效省漆）喷枪为 2.2bar，HVLP 喷枪为 2.0bar。

气压调节的方法：扳机扣半枪（只有空气喷出），旋转气压调节旋钮，观察数字式气压表读数。

如果使用指针式枪尾表，则枪身自带的气压调节旋钮全开，调节枪尾表上的气压调节旋钮，如图 9-5c) 所示。

(3) 喷枪测试

连接气管后，在试枪靶纸上进行喷枪测试，以此来确定喷枪是否完好。喷涂时注意喷枪操作四要素。

①喷涂距离：喷枪到待喷涂板件的距离，根据选用喷枪的雾化类型不同而不同，传统喷枪为 20～30cm，HVLP 喷枪为 10～15cm（图 9-6）。

②喷涂角度：喷枪与待喷涂板件应保持垂直，如图 9-7 所示。

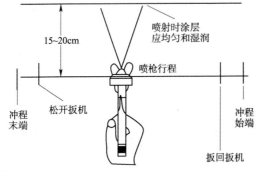

图 9-6　正确的喷涂距离

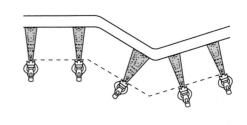

图 9-7　喷涂角度要与板件保持垂直

③喷涂速度:喷枪的移动速度与涂料干燥速度、环境温度、涂料的黏度有关,约以30cm/s的速度匀速移动。喷枪移动过快,会导致涂层过薄,而喷枪移动过慢,会导致出现流挂的现象。

④喷幅重叠面积:喷幅的重叠面积,主要看空气喷枪的类型。HVLP喷枪的喷幅重叠为四分之三,普通喷枪为二分之一至三分之二。

(4)中涂漆喷涂流程

①环氧底漆的喷涂。

若在进行原子灰的研磨过程中出现磨穿至裸铁的情况发生,则需要在喷涂中涂漆前喷涂环氧底漆。

a.喷涂部位:若使用多功能合金原子灰的板件,原子灰及旧漆层打磨完毕以后,露出裸金属的部位,应对损伤处理完的裸金属部位进行喷涂。

b.环氧底漆的喷涂实施:仅需喷涂一个半透明的薄层。静置至哑光以后才可以喷涂中涂漆,如图9-8所示。

②中涂漆的喷涂。

根据板件的实际情况,中涂漆的喷涂有局部喷涂和整板喷涂两种。现以局部喷涂中涂漆为例,介绍中涂漆的喷涂方法。

图9-8 环氧底漆的喷涂

第一层喷涂:对底层初步封闭,在损伤区域喷涂一个薄层(半透明),如图9-9所示,这将避免中涂漆的溶剂渗透到旧的油漆涂层中引起隆起(咬底)。

当第一层经过充分地闪干静置后(直到无光泽),便可以喷涂第二层,第二层喷涂的范围比第一层喷涂扩大一个巴掌的范围,如图9-10所示。

图9-9 第一层喷涂

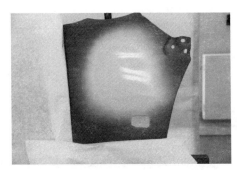

图9-10 第二层喷涂

再经过闪干静置第二层(直到无光泽),然后才喷涂第三层涂层,第三层喷涂时较第二层喷涂继续扩大一个巴掌的范围,如图9-11所示。

注意:中涂漆绝对不能喷涂在遮蔽纸上,否则会产生硬边,不利于中涂漆的打磨。

当同一板件上有几处损伤或者损伤面积较大时,一般采用整板喷涂中涂漆。在实际的车辆上进行整板喷涂时,需要对附近板件进行遮蔽。

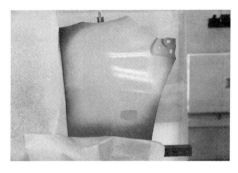

图9-11 第三层喷涂

3）中涂漆喷涂后

（1）中涂漆的干燥

中涂漆喷涂完后只需静置5～10min，便可使用烘房或红外线烤灯进行烘烤干燥，干燥时间与产品性能、厚度和温度有关，详细情况需参考相关产品技术资料。烘房干燥：60℃，20～30min（工件表面温度）；红外线烤灯干燥：10～15min；自然干燥：20℃，5h以上。

（2）中涂漆的研磨

刮涂原子灰区域可先配合手工打磨至平整。

使用P320～P400干磨砂纸配合双向式（3mm/5mm）研磨机研磨干燥后的中涂漆，如有需要，在研磨边角位置可用P500海绵砂纸或灰色百洁布研磨。

精细打磨填充中涂漆时，推荐使用轨道直径为3～5mm、衬垫盘中度柔软的打磨机。打磨机用的砂纸不能用于手工干磨操作。

（3）清洁整理

① 清洗。

喷涂完成后应立即清洗喷枪，同时清洗调漆尺以备下次使用。

② 物品收整。

a. 将使用后的调漆杯、纸漏斗、除油布等耗材丢弃到规定位置。

b. 将喷漆房内的喷枪连接软管收整齐。

c. 关闭喷漆房的灯光及风机。

d. 关闭压缩空气供给系统。

e. 清扫调漆间等。

习　　题

一、填空题

1. 中涂漆的主要作用是增加面漆涂层与下面涂层的_____，提高面漆涂层的平整度和丰满度；隔绝和封闭下面涂层，防止面漆往下渗透产生涂膜缺陷；同时也有填充针孔、细小划痕、细小缺陷的能力等。

2. 根据油漆中的树脂种类，中涂漆可分为_____、_____和_____等。

3. 在喷涂中涂漆之前，要对待喷涂的板件进行必要的处理，喷涂前板件的末道打磨要使用_____砂纸（根据油漆厂家的产品不同有所区别），边角区域可使用红色的百洁布，或P400以上的海绵砂纸。打磨完毕以后要进行_____。

4. 中涂漆调配时，其固化剂和稀释剂的选择，要根据_____的大小和喷涂时的喷漆房_____来确定。

5. 若在进行原子灰的研磨过程中出现磨穿至裸铁的情况发生，则需要在喷涂中涂漆前喷涂_____。

6. 喷幅的重叠面积,主要看空气喷枪的类型。HVLP 喷枪的喷幅重叠面积为_____,普通喷枪为_____。

7. 中涂漆喷枪与待喷涂板件应保持_____。

8. 根据板件的实际情况,中涂漆的喷涂有_____和_____两种。

9. 第一层喷涂是对底层初步封闭,在损伤区域喷涂一个薄层(半透明),这将避免中涂漆的溶剂渗透到_____中引起隆起(咬底)。当第一层经过充分地_____后(直到无光泽),便可以喷涂第二层。

10. 中涂漆绝对不能喷涂的遮蔽纸上,否则会产生_____。

二、判断题

1. 中涂漆喷涂前用毛巾和水进行清洁即可。（ ）
2. 中涂漆喷涂前需要对板件进行磨毛处理。（ ）
3. 清洁金属板件和塑料件选用的清洁剂一样。（ ）
4. 中涂漆喷涂时需要佩戴防尘口罩。（ ）
5. 中涂漆喷涂前不需要进行遮蔽。（ ）
6. 油漆混合前应该充分搅拌均匀,避免颜料沉底。（ ）
7. 喷枪的移动速度与涂料干燥速度、环境温度、涂料的黏度有关。喷枪移动过慢,会导致涂层过薄,而喷枪移动过快,会导致出现流挂的现象。（ ）
8. 中涂漆喷枪可以用水进行清洁。（ ）
9. 中涂漆喷涂时需将喷涂气压调至最大。（ ）
10. 中涂漆不能使用红外线烤灯进行烘烤。（ ）

三、选择题

1. 中涂漆喷涂工艺流程中需要进行(　　)次清洁。
   A. 1　　　　B. 2　　　　C. 3　　　　D. 4　　　　E. 5

2. 关于"一湿一干"的清洁方法,说法正确的是(　　)。
   A. 先湿后干　　B. 先干后湿

3. 喷枪调整顺序为(　　)。
   A. 出漆量→气压→喷幅　　　　B. 出漆量→喷幅→气压
   C. 喷幅→气压→出漆量

4. 中涂漆喷涂前若需要遮蔽,遮蔽方法为(　　)。
   A. 正向遮蔽　　B. 反向遮蔽

5. 温度低于15℃时,可选用的固化剂类型为(　　)。
   A. 快干　　B. 标准　　C. 慢干

6. 烘房烘烤干燥中涂漆时,温度为(　　)℃,持续 20~30min(工件表面温度)。
   A. 50　　　　B. 60　　　　C. 70

四、简答题

1. 中涂漆喷涂前的准备工作包含哪些内容?
2. 中涂漆喷涂时的喷枪操作四要素包括哪些内容?
3. 请写出中涂漆喷涂标准工艺流程。
4. 中涂漆喷涂时的相关注意事项有哪些?

项目十　中涂漆的干燥与打磨

学习目标

完成本项目学习后,你应能:
1. 说出使用短波红外线烤灯进行中涂漆干燥的技术要求;
2. 说出填充砂眼的操作要领;
3. 列举说明干磨中涂漆的设备及其相关作业标准。

建议学时

2学时。

中涂漆施工后必须经过精细的打磨才能获得适合喷涂面漆的表面。为了顺利进行打磨,必须对喷涂后的中涂漆进行必要的干燥。原子灰打磨完后,尽管已经进行了填眼处理,但仍然会有遗漏的气孔或深划痕存在。另外,填眼灰干燥收缩后留下较深的凹陷,中涂漆可能不能完全填平,所以应该在中涂漆干燥后再进行一次细致的填眼操作,以尽可能消除对喷涂面漆产生的不良影响。

1. 中涂漆的干燥

中涂漆涂层在打磨前一定要充分干燥。如果干燥不充分,不仅打磨时涂料会填满砂纸,使作业难以进行,而且喷涂面漆之后,往往会出现涂膜缺陷。气温寒冷的冬天需采用红外线灯和热风加热器进行强制干燥。这不仅能加速干燥,提高作业效率,还能提高涂膜质量。

中涂漆的干燥时间可参考油漆厂家的技术信息。图10-1为鹦鹉系列285-700灰色中涂油漆罐上的部分图标,从图中可看出,两遍喷涂完成后,膜厚在50~70μm的情况下,60℃时,完全干燥所需要的时间是30min;20℃时,完全干燥所需要的时间是3h。如果喷涂的遍数增加,则漆膜厚度增加,相应的干燥时间也就随之增加。

1)红外线烤灯烘烤

待烘烤的区域面积较小时,为了方便操作和缩短作业时间,提高生产效率,可以使用短波红外线烘烤。

(1)烘烤要求

①距离:70~90cm。

②温度:60℃。
③时间:30min。

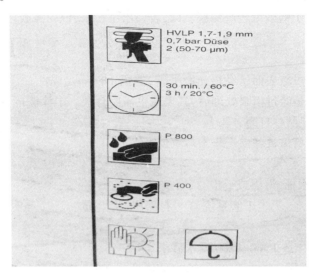

图10-1 油漆罐上的技术信息

(2)烘烤注意事项
①应在喷漆房静置10min后,才可以进行升温烘烤。
②升温前拆除遮蔽纸及胶带。

2)中涂漆的修整

在前处理和中涂漆喷涂的过程中,有可能在中涂漆上会存在砂眼。为了保证面漆喷涂的质量,在进行中涂漆的打磨前,应进行中涂漆的修整。中涂漆涂层的修整操作就是填眼灰,也称填麻眼、找毛病或找砂眼等,如图10-2所示。

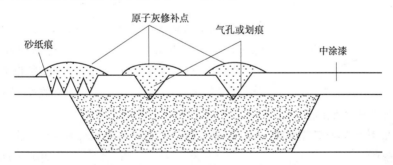

图10-2 用填眼灰修补缺陷中涂漆表面缺陷

填眼灰属于1K硝基原子灰,主要用于面漆前的涂层表面上的麻眼、针孔、砂痕等小毛病(小缺陷)的填平、刮平,操作时较省力、省料、省工。刮填眼灰是一种非常细致的工作,填眼灰刮涂的好坏直接影响面漆的外观质量,因此一定要将填眼灰刮好,以确保面漆涂后的外观质量。修补时应该使用塑料刮刀薄薄地刮涂,切忌一次填得过厚,若一次填不满,间隔5min左右再填。

一些对漆膜质量要求更高的汽车品牌,一般不使用填眼灰,而是使用合金原子灰。使用合金原子灰时,注意必须使原子灰完全干燥,方可进行打磨。

3)漆膜干燥程度测试

打磨前用 P400 干磨砂纸轻磨漆膜表面,若磨出了粉末,说明漆膜已经完全干燥,可以进行打磨。

2. 中涂漆的打磨

中涂漆喷涂后,虽然表面已经很光滑平整,但仍不能满足喷涂面漆的要求,此时必须进行细致的打磨,特别是经过填眼处理后,其表面更需要打磨。中涂漆的打磨一般以机器打磨为主,可以采用干、湿两种打磨方法。

注意:打磨前应确保板件温度降至环境温度。

1)使用的设备

(1)湿磨设备:水桶、海绵或毛巾、打磨垫块。

(2)无尘干磨设备:无尘干磨系统、3 号打磨机、吹尘枪。

2)使用的耗材

(1)湿磨耗材:P400、P500、P800 耐水砂纸。

(2)无尘干磨耗材:P320、P400、P500 干磨砂纸,P600 海绵砂纸,打磨指示层,灰色百洁布。

3)打磨作业流程

(1)湿磨作业流程

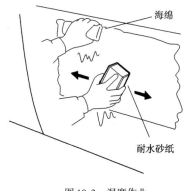

图 10-3 湿磨作业

①在中涂漆上面薄薄喷涂一层深色单组分的快干涂料当指示层。

②用海绵蘸水淋湿工件,同时使用手工打磨块配合 P400 水磨砂纸将幼滑原子灰打磨平整(图 10-3)。

③用手工打磨块配合 P500 水磨砂纸蘸水将中涂漆打磨平整。

④用海绵蘸水配合 P800～P1000 水磨砂纸彻底打磨需要喷涂面漆的部位。

⑤检查板件表面纹理一致后,洗净板件及周围的门缝等部位。

⑥静置或吹干表面的水分。

⑦检查是否存在砂眼等缺陷,若符合要求可以进行下一步操作(面漆喷涂)。

⑧清洁除油。

(2)无尘干磨作业流程

①穿戴好个人安全防护用品,如图 10-4 所示。

②若中涂漆使用的是灰色或者白色等浅色,需要在打磨前施涂打磨指示层。

③使用 P320 砂纸配合轻磨原子灰刮涂区域,如图 10-5 所示。

④再次施涂打磨指示层。

⑤3 号磨机配合中间连接垫 + P400 砂纸打磨中涂漆和旧漆,如图 10-6 所示。如果待喷涂面漆的遮盖力较差时(如白珍珠),需要 P500 或更细的砂纸打磨。

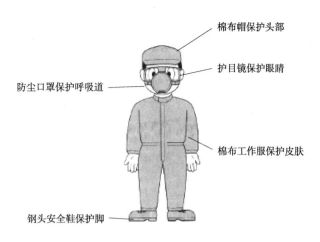

图 10-4　干磨过程中的个人安全防护

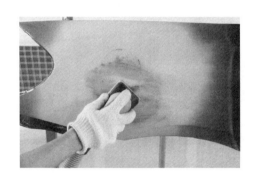

图 10-5　打磨原子灰刮涂区域

图 10-6　整板打磨

⑥边角机无法打磨的区域,使用灰色百洁布或 P800 甚至更细的海绵砂纸进一步打磨如图 10-7 所示。

⑦吹尘:用吹尘枪和擦车布配合,清除板件上的粉尘,如图 10-8 所示。

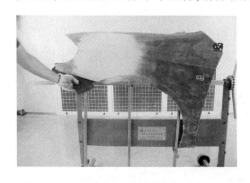

图 10-7　边角打磨

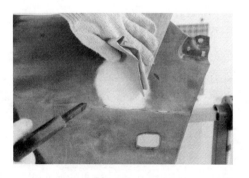

图 10-8　吹尘

⑧清洁:使用 700-10 或者 541-5 清洁整个打磨区域,如图 10-9 所示。

⑨5S 要点:使用过但还可以继续使用的砂纸、百洁布等耗材吹尘后,存放到相应位置;除油布丢弃到规定的容器内;清扫打磨房。

4)两种打磨方式比较

图10-9 清洁

表面看来,湿磨比干磨节省设备和材料,而实际上无尘干磨有湿磨无法比拟的优势,现在的4S店和修理厂都已经取消了水磨,改用无尘干磨系统。图10-10a)所示为湿磨中涂漆的工作场景,图10-10b)干磨中涂漆的工作场景。

(1)湿磨:费力费时质量不稳

利用水和水砂纸为主进行打磨,需要很大的劳动量,且打磨质量由技师的操作经验和技术水平决定,质量良莠不齐。在后期使用原子灰填充车面时,用水磨容易导致图层脱落、漆面起泡等技术问题。

a)湿磨中涂漆

b)干磨中涂漆

图10-10 两种打磨方式

(2)干磨:节省工序、减少污染

无尘干磨使用气动或电动工具,一边打磨一边使用一体化吸尘系统把灰尘吸到集尘桶的集尘袋内,统一收集起来。干磨的好处是使用机器打磨,漆面处理效果比人工打磨质量有保障。干磨工艺不需要用水,不用担心水对车漆表面和车面金属的影响。

(3)湿磨存在的问题

①双组分的修补漆产品很硬,很难打磨,手工打磨劳动强度大,费工费时。

②双组分补漆产品,尤其是原子灰,有一定的吸水性,水磨后新喷的漆面上容易起"水疹""水泡",影响漆面的附着力。

③车身壳体的金属部分与水接触后,容易生锈。

④车间内的污水,既污染环境,不利于安全生产,又影响企业形象。

⑤长期与车漆和水接触不利于喷漆技师的身体健康。

(4)干磨的优势

①缩短打磨时间,减轻喷漆技师的劳动强度。

②减少修理车身表面的程序时间,省略多次干燥时间,简化了修补环节,更加保障喷漆质量。

③减少因喷漆质量不稳定而造成的返工次数,告别了污水,节约用水量,保障技师的身体健康。

5)两种特殊情况的打磨

(1)填眼灰修补部位的打磨

图 10-11 所示为填眼灰修补部位的打磨。在打磨用填眼灰修补的中涂漆层部位时,应以修补部位为中心,用 P320~P400 耐水砂纸将凸出部分磨平,再用 P400 或 P600 耐水砂纸将整个表面打磨平整即可。

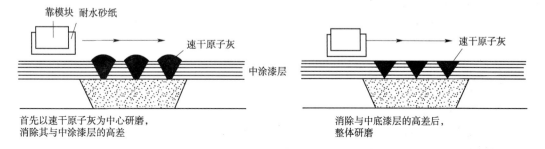

图 10-11 填眼灰修补部位的打磨

干打磨时可使用手磨板配合 P320 砂纸将凸起部位打磨平,随后用 P400 砂纸整体打磨。

(2)需要做板内过渡的打磨

在实际生产过程中,如果板件的损伤部位比较小,或者板件颜色比较难调时,会采用板内过渡的办法进行修复,如图 10-12 所示。如右后叶子板的损伤,需要做板内的过色。进行板内过渡的打磨应遵循以下原则。

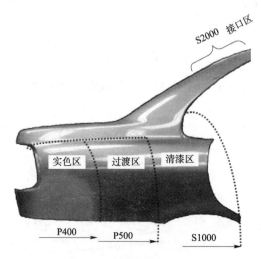

图 10-12 板内过渡的研磨

①喷涂实色的区域:3 号磨机 +5mm 连接软垫 + P400 砂纸打磨即可。

②色漆的过渡区:3 号磨机 +5mm 连接软垫 + P500 砂纸进一步打磨。

③清漆区:3 号磨机 +10mm 连接软垫 + S1000 精磨砂棉。

④清漆的接口区:3 号磨机 +10mm 连接软垫 + S2000 精磨砂棉 + 驳口研磨膏精细打磨(沾水湿磨)。

注意:利用打磨机沾水湿磨时,要关闭集尘器的集尘功能,以防止粉尘在集尘管内板结堵塞集尘管。

习 题

一、判断题

1. 中涂漆打磨只需用 P320 的砂纸打磨。　　　　　　　　　　　　　　（　）
2. 中涂漆红外线干燥 10～15min 便可打磨。　　　　　　　　　　　　（　）
3. 烤房干燥的最高温度为 60℃。　　　　　　　　　　　　　　　　　（　）
4. 中涂漆打磨只需打磨到哑光即可。　　　　　　　　　　　　　　　　（　）
5. 打磨机用的砂纸不能用于手工打磨操作。　　　　　　　　　　　　　（　）
6. 判断中涂漆已经充分闪干的依据是表面失光。　　　　　　　　　　　（　）
7. 中涂漆喷涂完后需静止 5～10min，便可使用烤房或红外线烤灯烘烤。（　）
8. 喷涂中涂漆的板件边缘应用红色菜瓜布研磨。　　　　　　　　　　　（　）
9. 研磨中涂漆应用 5 号打磨机。　　　　　　　　　　　　　　　　　　（　）
10. 中涂漆的干燥只能强制干燥。　　　　　　　　　　　　　　　　　　（　）
11. 中涂漆研磨时出现针孔不需要处理。　　　　　　　　　　　　　　　（　）
12. 中涂漆研磨平面时可选用手磨板。　　　　　　　　　　　　　　　　（　）

二、简答题

1. 简述中涂漆打磨的施工步骤。
2. 打磨中涂漆时需要选用哪些防护用品？
3. 面漆施工分别是素色、银粉、珍珠漆时，中涂打磨需用什么砂纸？选用这类砂纸的理由是什么？
4. 中涂漆不同干燥方法的干燥时间、温度及其注意事项是什么？

项目十一　喷涂安全规范及要求

学习目标

完成本项目学习后,你应能:
1. 熟悉喷漆房、烤漆房的作用、构造和使用方法;
2. 记住喷漆房的安全注意事项及维护事项;
3. 记住烤漆房的安全注意事项及维护事项;
4. 认知个人安全防护用品并能正确选择各道工序的安全防护用品。

建议学时

4学时。

在进行面漆喷涂时,安全常识、个人安全防护措施及设备的安全操作规程是完成喷涂的重要保障。在汽车喷漆实训车间,必须对安全给予高度重视。许多维修企业安全事故及职业病的发生,与不够重视安全和自我防护有直接关系。

1. 喷涂车间的安全规范及要求

1) 喷漆房

由于喷漆过程中有部分涂料未被喷涂到工件上,形成细雾悬浮状物(漆雾),飞散到周围的空气里;由于溶剂的汽化,使空气中含有大量挥发的有机化合物。作业区的漆雾、溶剂蒸汽,不仅有害于技师的身体健康,而且有发生爆炸的危险,还会影响到漆膜质量。

为了改善喷漆作业环境,保证喷漆的稳定性,在喷漆工位设置具有强力排风和漆雾捕集装置的喷漆房。

(1) 喷漆房的作用

喷漆房的主要作用是为喷漆工序提供良好的工艺环境。影响喷漆质量最重要的因素是周围的环境,如空气的清洁程度、温度、湿度等。一般来说,进入喷漆房的人员和物品都会带来污染,进入房内的空气则是主要的污染源。

(2) 喷漆房的结构

喷漆房主要由喷漆室、排风系统、送风系统过滤和捕集装置、控制装置及照明系统构成,它能防止漆雾飞散到车间的其他地方,防止环境被污染;迅速排除、捕集和收回漆雾和溶剂蒸汽;保证喷漆操作时有新鲜空气不断地流入;保证有良好的视野和照明及防爆功能,满足了漆膜质量要求。

①喷漆室。

喷漆室是用型钢和铁板(或复合板)焊接制成的,喷漆室板壁有防散热隔层,如图11-1所示。

②排风系统。

排风系统由排风机和管道组成。排风室的排风性能直接取决于排风量的强弱,如图11-2所示。

图 11-1　喷漆室　　　　　　　　图 11-2　排风系统

③送风系统过滤和捕集装置。

送风系统过滤和捕集装置能使喷漆室内流动空气均匀,阻止有害气体流动,并捕集漆雾,如图11-3所示。过滤材料采用玻璃纤维、纸纤维等,如图11-4所示。

④控制装置。

控制装置是由许多电器开关组成,主要用于控制照明和喷漆功能,如图11-5所示。

⑤照明系统。

照明系统主要包括顶灯照明系统和腰灯照明系统,为喷漆作业提供足够的光照。

(3)喷漆房的使用

①选择喷漆温度:首先根据环境温度,决定是选用"升温喷漆"还是"常温喷漆"。当环境温度低于10℃时,可选用"升温喷漆",将温控仪的温度设定到10℃以上;当环境温度高于20℃时,选用"常温喷漆",不需设定温度。

②接通电源开关:先打开电源钥匙开关,此时电源指示灯亮起,如图11-6所示。

③打开喷漆开关:喷漆开关为三挡旋钮开关,向左旋为升温喷漆状态,中间挡为空挡,向右旋为常温喷漆状态。当环境温度高于20℃时,应将喷漆开关打到常温喷漆上。如图11-7所示。

项目十一　喷涂安全规范及要求

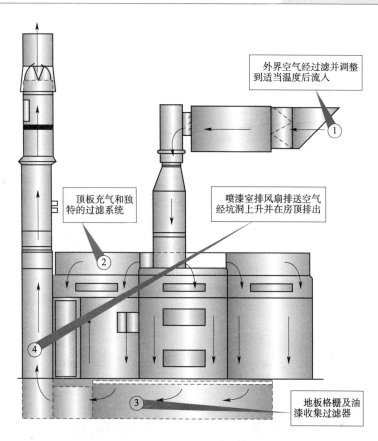

图 11-3　送风系统

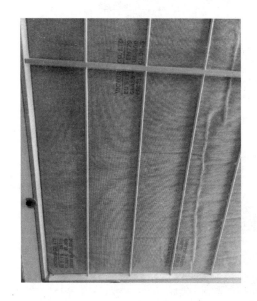
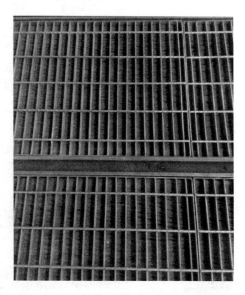

图 11-4　过滤系统

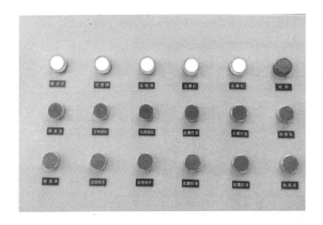

图 11-5　控制装置

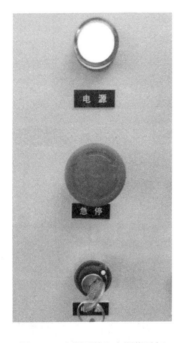
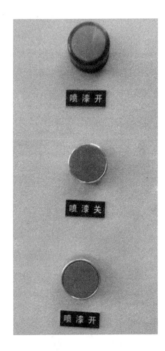

图 11-6　电源开关和电源指示灯　　　图 11-7　喷漆开关

④打开照明开关:照明开关分为左照明、右照明、左腰灯、右腰灯,如图 11-8 所示。照明系统开始工作后,即可开始喷漆作业。

⑤喷漆结束后,关掉喷漆开关、照明开关及电源,工件静置 5~6min 后进入烤漆状态。

(4)喷漆房的安全注意事项

①用电安全。

喷漆房控制装置均采用 380V 交流电压,线路繁多,连接错综复杂,如图 11-9 所示。在接通电源和操作控制开关时必须严格遵守安全用电规程,不允许私自拆卸和改接电路。使用结束后,应及时关闭用电设备和电源。

项目十一　喷涂安全规范及要求

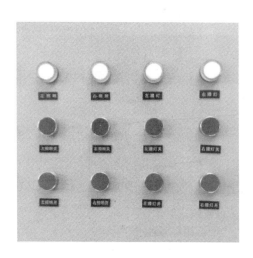

图 11-8　照明开关

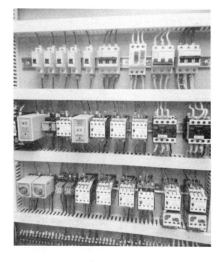

图 11-9　喷漆房电路

②防火安全。

喷漆房内部及周围严禁堆放易燃、易爆物品,不允许使用明火和携带火种进入喷漆房,不允许使用手机,在喷漆房附近必须配置灭火器。

a.灭火器的认识,如图 11-10 所示。

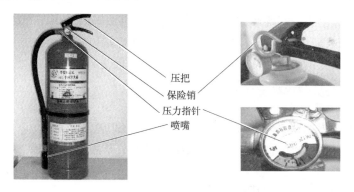

图 11-10　灭火器结构

b.常见灭火器种类,如图 11-11 ~ 图 11-13 所示。

图 11-11　泡沫灭火器　　图 11-12　二氧化碳灭火器　　图 11-13　干粉灭火器

73

c. 灭火器的使用方法总结为四个字：提、拔、压、喷，如图 11-14 所示。

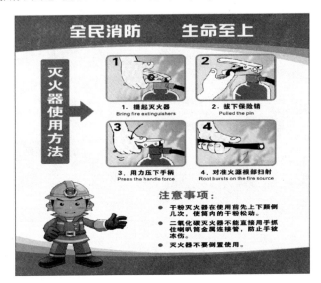

图 11-14 灭火器的使用方法

③在进行喷涂前必须先检查喷涂的气压是否正常，同时确保过滤系统清洁。

④除了用吹风枪和粘尘布除尘外，其他所有喷涂前的工序都应该在喷漆房外完成。

⑤在喷漆房只能进行喷涂喷漆作业，而且房门只可在车辆进出时开启，开启房门时必须开动喷涂时的空气循环系统以产生正压，确保房外的灰尘不能进入房内。

⑥必须穿着指定的喷漆服和佩带安全防护用具才能进入喷漆房进行操作。

⑦非必要人员，不得进入喷漆房。

(5)喷漆房的维护

①每天清洁房内墙壁、玻璃及地台底座，以免灰尘和漆尘积聚。

②每星期清洁进风隔尘网，检查排气隔尘网是否有积塞，如房内气压无故增加时，必须更换排气隔尘网。

③每工作 150h 应更换地台隔尘纤维棉。

④每工作 300h 应更换进风隔尘网。

⑤每个季度应检查进风和排风电动机的传动皮带是否松弛。

2)烤漆房

烤漆房是提供热源的设施。通过烤漆房，可使湿漆层干燥。在涂装工艺中，烘干工艺很重要。漆膜的干燥时间在整个施工时间中占很大比重。漆膜的干燥对产品的质量有很大的影响。烤漆房性能的好坏直接影响到产品性能的好坏。由于涂装行业节省能源和低公害的要求，加热方式多种多样，目前比较普遍使用的是红外线和燃油烘干室。

(1)烤漆房的作用

烤漆房可以加快干燥、固化，保持工作环境更干净。对原子灰和漆料的强制干燥，可缩短可操作工序之间的等待时间，提高工作效率和工作质量。

(2)烤漆房的结构

烤漆房主要由烤漆室、燃烧机、排风系统、送风系统、控制装置和照明构成,能够在恒温下对湿漆膜进行烘烤,并将溶剂挥发物尽快排出。

①烤漆室。

烤漆室是用型钢和铁板(或复合板)焊接制成的,由于烘烤温度较高,所以烤漆室板壁有防散热隔层,如图11-15所示。

②燃烧机。

燃烧机主要是通过燃烧柴油,将进风口的空气加热到设定温度后,送入烤漆室,通过热空气对流加热涂层,如图11-16所示。

图11-15 烤漆室　　　　　　图11-16 燃烧机

③排风系统。

通过强制排风系统,将溶剂挥发物排出烤漆房外。烤漆房的排风系统与喷漆房的排风系统类似,不再赘述。

④送风系统。

送风系统能使烤漆室内流动空气均匀,阻止有害气体流动,并捕集溶剂挥发物。

⑤控制装置。

控制装置主要用于控制电源、烤漆功能、照明功能,以及设置烘烤温度和烘烤时间,如图11-17所示。

⑥照明系统。

烤漆房照明系统与喷漆房完全相同,都是由顶灯和腰灯组成的,为烤漆作业提供充足的照明。

(3) 烤漆房的使用

①根据油漆种类,选定烘烤温度和烘烤时间,如图11-18所示。

②接通电源开关,如图11-19所示。

③打开照明开关,如图11-20所示。

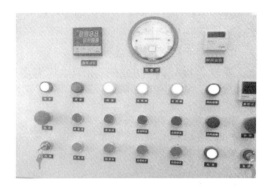

图 11-17 烤漆房的控制装置

 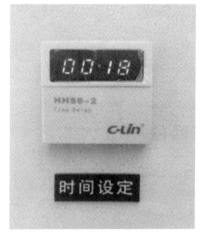

图 11-18 烘烤温度和烘烤时间设定

 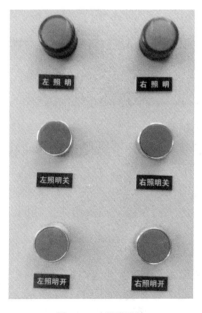

图 11-19 电源开关 　　　　　　　图 11-20 照明开关

项目十一　喷涂安全规范及要求

④打开烤漆开关,此时燃烧机开始工作,烘烤时间进入累计计时状态,烘烤温度逐渐升高,如图 11-21 所示。

⑤当烤漆温度达到设定温度时,烤房自动保持恒温。当烘烤时间达到设定时间时,烤房自动关机,烤漆结束,关闭电源。

(4)烤漆房的安全注意事项

①用电安全。

②预防火灾事故,烤漆房内及烤漆房周围严禁堆放易燃易爆物,烤漆房内严禁使用明火。

③燃烧机工作时,温度急剧升高,不允许触碰燃烧机烟口,如图 11-22 所示。

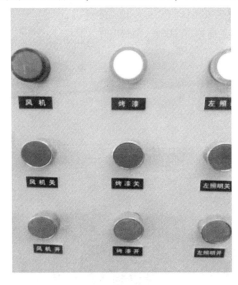
图 11-21　烤漆开关

图 11-22　燃烧机烟口

④燃烧机使用的是柴油,在加注和检查柴油时,应注意安全,如图 11-23 所示。

⑤实时观察烘烤温度,必须保持在设定值范围内,否则容易引发火灾,如图 11-24 所示。

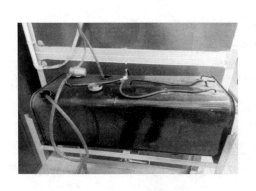
图 11-23　燃油箱

图 11-24　温度计

77

(5)烤漆房的日常维护事项

①每天清洁房内墙壁、玻璃及地台底座,以免灰尘和漆尘积聚。

②每星期清洁进风隔尘网,检查排气隔尘网是否有积塞,如房内气压无故增加时,必须更换排气隔尘网。

③每工作150h应更换地台隔尘纤维棉。

④每工作300h应更换进风隔尘网。

⑤每月清洗燃烧器上的柴油过滤装置。

⑥每个季度应检查进风和排风电动机的传动皮带是否松弛。

⑦每半年应清洁整个烤漆房及地台网,检查循环风活门、进风及排风机轴承,检查燃烧器的排烟通道,清洁油箱内的沉积物,清洗烤漆房水性保护膜并重新喷涂。

⑧每年应清洁整个热能转换器,包括燃烧室及排烟通道,每年或每工作1200h应更换烤漆房顶棉。

2. 个人安全防护

在面漆喷涂实操过程中,由于用到涂料等具有VOC的材料,所以在实操过程中应注意以下个人安全防护。

1)呼吸系统保护

(1)正确佩戴过滤式防毒面具(防溶剂口罩),如图11-25所示。

图11-25 3M过滤式防毒面具

(2)防毒面具的使用细节。

①应该正确地选择防毒面具,选对型号,确认出毒气是哪一种毒气,现场的空气里面毒物的浓度是多少,空气中氧气含量是多少,温度又是多少度。应该特别留意防护面具的滤毒罐所规定的范围以及时间。在氧气浓度低于19%时,禁止使用负压式防毒面具。

②在使用防毒面具之前,应该对其进行认真的检查,查看各部位是否完整,有无异常情况发生,其连接部分是不是接好了,仔细看看整个面具的气密性是不是特别的好。

③在每次使用防毒面具前必须进行气密性试验,并检查各配件是否有老化痕迹,各关键配件是否完整;每次使用完毕后及时清洁维护;记录累计使用时长;及时更换滤毒盒、滤棉。

④当防毒面具出现使用故障时,应该采用下文提到的应急措施,并且马上离开有毒的区域。

(3)防毒面具的使用注意事项。

①如果在防毒面具上的面罩或者是导气管上面发现有孔洞出现,可以用手指将孔洞捏住。如果防毒面具上的气管有破损的情况出现,可以将滤毒罐与头罩直接连接起来作用。出现以上任何一种情况时,必须及时撤离工作区,到安全区更换防毒设备。

②如果防毒面具上的呼气阀坏了,应该用手指将呼气阀的孔堵住,呼气的时候将手松开,吸气的时候再用手堵住。以上情况严重威胁到人体健康及生命安全,必须及时离开作业区,到安全地区更换设备。

③如果防毒面具上的头罩被破坏得比较厉害,可以考虑将滤毒罐直接放在嘴里,然后再捏住鼻子,用滤毒罐来呼吸。同时必须第一时间撤离现场。

④如果防毒面具上的滤毒罐上面出现了小孔,那么可以用手或者其他的材料来将其堵住,并及时撤离。

⑤如果防毒面具出现了面罩破损、老化、漏气,或者是呼气阀坏了等情况,那么就不能再使用它了。而当使用防毒面具时,如果感觉到呼吸比较困难,十分地不舒服,并且能够闻到毒物的气味,那么应该立刻撤退,在毒区的时候是不能将防毒面具的面罩取下来的。严格来说,在呼吸阻力变大,或者在佩戴方式正确的情况下闻到异味,都需要及时撤离作业区,并更换设备。

(4)防毒面具的性能测试。

测试方法一:将手掌盖住呼气阀并缓缓呼气,若面部感到有一定压力,但没感到有空气从面部和面罩之间泄露,表示佩戴密合性良好;若面部与面罩之间有泄露,则需重新调节头带与面罩,排除漏气现象。

测试方法二:用手掌盖住滤毒盒座的连接口,缓缓吸气,若感到呼吸有困难,则表示佩戴面具密闭性良好。若感觉能吸入空气,则需重新调整面具位置及调节头带松紧度,消除漏气现象。

(5)正确佩戴呼吸式防毒面罩。

2)眼部保护

防护眼镜(图11-26):既保护眼睛免受涂料及稀释剂的侵害,也防止打磨时产生的粉尘或金属微粒对眼睛产生伤害。

 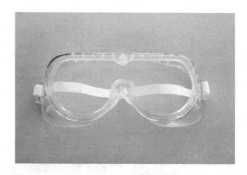

图 11-26　防护眼镜

3)手部保护

防溶剂手套(图11-27):防止有机溶剂通过皮肤进入身体。

图 11-27　防溶剂手套

4) 身体保护

工作服和防静电喷漆服(图 11-28):防止化学物品、溶剂、粉尘与身体直接接触,还能有效地减少灰尘。有些工作服装是由防静电材料制成的。

图 11-28　工作服和防静电喷漆服

5) 脚部防护

防滑、防防压、防静电安全鞋(图 11-29):安全鞋的脚趾部分上面有耐压钢板,鞋底厚,用于保护脚。这些鞋有防滑、防溶剂、防静电的特点。

图 11-29　安全鞋

习 题

一、填空题

1. 喷漆房的主要组成部分包括_____、_____、_____、_____、_____。
2. 喷漆房使用时必须先根据环境温度选定_____。
3. 喷漆房的主要作用是为喷漆提供良好的_____。
4. 影响喷漆质量最重要的因素是周围的环境,如空气的_____、_____、湿度等。一般来说,进入喷漆房的人员和物品都会带来污染,进入房内的_____则是主要的污染源。
5. 喷漆房的安全注意事项主要是_____和_____。
6. 喷漆房的清洁包括_____、_____、_____和排风过滤网。
7. 烤漆房的主要作用是_____、_____和_____。
8. 烤漆房的主要组成部分包括_____、_____、_____、_____、_____。
9. 烤漆房使用前必须先根据油漆类型选定_____和_____。
10. 写出以下标识代表的意思。

_____　　　　　_____　　　　　_____

_____　　　　　_____　　　　　_____

11. 常用灭火器一般可分为_____、_____和_____三种。
12. 灭火器使用的要点是_____、_____、_____。
13. 喷涂作业常用的个人防护用品包括_____、_____、_____、_____、_____。

二、判断题

1. 若每天喷涂的工作时间只有 5~10min,可以不做防护。　　　　　　　　　　( )
2. 从事喷漆工作 10 多年的人都没什么健康问题,可以不防护。　　　　　　( )
3. 在喷漆房实施作业没有危险。　　　　　　　　　　　　　　　　　　　　( )
4. 喷漆使用的是水溶性涂料,所以只佩戴防尘口罩就可以了。　　　　　　　( )
5. 装有过滤装置的呼吸保护器很贵,而且呼吸保护设备用起来不方便,甚至会影响工作效率。　　　　　　　　　　　　　　　　　　　　　　　　　　　　　　　　( )
6. 健康的恶化有时需要经历 15~20 年的时间而不是马上就可以被诊断,当技师在多年后被确诊患有慢性病时,可能为时已晚而不能治愈,所以防患于未然很重要。　　( )

7. 水溶性漆也会对使用者造成伤害。（　）
8. 即使使用的是低压的喷枪也不能避免漆雾的产生。（　）
9. 呼吸保护设备的价格比起健康或生产力来说要便宜得多。（　）
10. 使用水溶性涂料，用自来水可以清洗喷枪。（　）
11. 在涂装岗位上进行作业的技师无须经过训练。（　）
12. 喷漆应在专门的喷漆房内进行，喷漆房、烤漆房等应符合防火安全技术要求。（　）
13. 一旦发生火灾，尤其是在电器附近着火，应立即切断电源，以防止火势蔓延和产生电击事故。（　）
14. 喷涂作业时应更换清洁的工作服。（　）
15. 为防止溶剂、底漆及外层涂料对手的伤害，应佩戴抗溶剂手套进行操作。（　）
16. 防护面具使用后，应用酒精清洁，装入密封的容器中存放。（　）

三、选择题

1. 灭火器的结构包括压把、保险销、压力指针、（　）。
   A. 生产日期　　　B. 出产厂家　　　C. 喷嘴
2. 灭火器的种类分为泡沫灭火器、二氧化碳灭火器、（　）。
   A. 氧灭火器　　　B. 生水灭火器　　　C. 干粉灭火器
3. 使用灭火器的方法总结为：提、（　）、瞄、压。
   A. 拉　　　　　　B. 拔　　　　　　C. 跑
4. 当环境温度高于20℃时，应选择（　）。
   A. 升温喷漆　　　B. 常温喷漆　　　C. 任意选择
5. 喷漆房地台棉的更换时间是（　）h。
   A. 150　　　　B. 200　　　　C. 300　　　　D. 400
6. 喷漆房天花棉的更换时间是（　）h。
   A. 150　　　　B. 200　　　　C. 300　　　　D. 400
7. 喷涂间内严禁哪些行为？（　）
   A. 吸烟　　　　B. 贴护　　　　C. 干磨　　　　D. 以上全是
8. 烤漆房的烘烤温度通常设定为（　）℃。
   A. 40　　　　B. 50　　　　C. 60　　　　D. 70
9. 烤漆房的烘烤时间通常设定为（　）min。
   A. 20　　　　B. 30　　　　C. 40　　　　D. 50
10. 下列哪一项不是在喷涂时推荐的防护器具？（　）
    A. 护目镜　　　B. 防尘口罩　　　C. 抗溶剂手套　　　D. 安全鞋
11. 排气通风系统可有效预防溶剂中毒，下列哪项守则不推荐？（　）
    A. 周期性检查　　　　　　B. 更换过滤棉
    C. 穿戴适当的安全装备　　D. 室外喷涂

四、简答题

1. 喷漆房的使用方法是什么？

2. 喷漆房的安全注意事项有哪些?
3. 烤漆房的使用方法是什么?
4. 烤漆房的安全注意事项有哪些?
5. 根据下设场景,选择你需要的安全防护用品并说明为什么。
(1)面漆喷涂前的涂料调配。
(2)车门板面漆喷涂。
(3)面漆喷涂结束后,需要清洗喷枪。

项目十二　喷涂工具及设备

学习目标

完成本项目学习后,你应能:
1. 从外观结构识别出喷漆房和烤漆房的类型;
2. 准确叙述喷漆房和烤漆房的工作原理;
3. 从外观结构识别出空气喷枪的类型,对照实物指出重力式喷枪各组成零件;
4. 准确叙述重力式喷枪的工作原理,并说出重力式喷枪的启用流程和操作技巧。

建议学时

4学时。

喷涂主要的工具设备包括喷漆房、烤漆房和空气喷枪,喷漆房为喷漆提供封闭的空间,保证喷涂质量。烤漆房主要用于漆面的强制干燥,加快漆面干燥固化,提高工作效率。空气喷枪是汽车修补涂装中重要的一种工具,现代喷涂技术对喷枪的技术要求和操作要求都非常高,两者皆是完美的漆面修复效果不可或缺的因素。

1. 喷漆房和烤漆房的类型

1)喷漆房的类型

(1)单房式喷漆房

图12-1　单房式喷漆房

单房式喷漆房集喷漆和烤漆功能为一体,既可进行喷漆作业,也可进行烤漆作业,是目前维修站使用比较多的一类喷漆房,如图12-1所示。

(2)双房式喷漆房

双房式喷漆房是将喷漆和烤漆功能分离,喷漆作业采用独立空间,烤漆作业采用独立空间,两者互不干涉。这一类喷漆房在诸多涂料生产商设立的培训中心最为常见,也是未来汽车修补喷涂的发展趋势,如图12-2所示。

(3)单房式喷漆房和双房式喷漆房的优缺点。

两种类型的喷漆房有各自的优点和缺点,见表12-1。

图 12-2 双房式喷漆房

两种喷漆房的优点和缺点　　　　　　　　　　　　　　表 12-1

种　类	单房式喷漆房	双房式喷漆房
优点	占用空间小,成本比较经济,使用比较方便。在喷涂和干燥期间汽车或工件都不用移动	烤房能有效地维持所需的温度,从而不会因反复的升温和降温而造成能源的浪费。烤房的面积较小,故烤干过程只需消耗较少的燃油。喷涂的施工过程可以在较少的时间内完成
缺点	空间大,使用效率比较低,需要较长时间来进行升温和降温的工作,燃料浪费较大	需要较大的空间来装配两个房间,一般造价比较昂贵

2）烤漆房的类型

（1）热空气对流式烤漆房

热空气对流式烤漆房是通过燃烧机将冷空气加热后,经过送风系统送入烤漆房内,形成热对流,对漆面进行加热。这是目前使用最为广泛的一类烤漆房,如图 12-3 所示。

（2）红外线辐射式烤漆房

红外线辐射式烤漆房是利用安装在烤漆房内壁的红外线发射器,发射短波红外线,通过红外短波的照射,对车身或者板件进行加热,再将热量传递给漆面,使漆面干燥固化,如图 12-4 所示。

图 12-3 热空气对流式烤漆房　　　　　图 12-4 红外线辐射式烤漆房

2.喷漆房和烤漆房的工作原理

1)喷漆房的工作原理

(1)喷漆房的供气方式

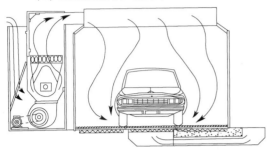

喷漆房通常有两种供气方式:自然进风配合强制排风和强制进风配合强制排风,其中强制进风配合强制排风最为常见,如图12-5所示。

喷漆房采取强制进风和强制排风的目的是:

①避免车间内的其他工作人员吸入有害的溶剂和漆雾。

图12-5 喷漆房供气方式

②避免积聚可燃性气体和漆雾。
③避免灰尘粘附在工件表面。
④避免溶剂和漆雾污染周围环境。

(2)喷漆房的换气方式

喷漆房的换气应达到每小时全换气两次或更多次的要求。喷漆房采用的换气方式有三种:正向流动、反向流动和下向通风,其中下向通风使用最为广泛,如图12-6所示。

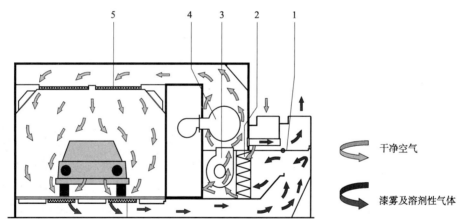

图12-6 喷漆房换气方式

1-排气管道;2-第一道送风过滤网;3-送风扇;4-燃烧器;5-第二道送风过滤网

(3)喷漆房的过滤系统

喷漆房最重要的安全设施是过滤系统,其作用主要是将混杂在喷漆房空气中的油漆粒子和其他污染物过滤掉,使排出的气体不致污染大气。目前使用的过滤系统有两种,即湿过滤系统和干过滤系统,其中干过滤系统最为常见,如图12-7所示。

①湿过滤系统:典型的下向通风喷漆房采用湿过滤系统。房内污浊空气经过水幕的冲洗,将油漆粒子和其他杂物带走,由排污水系统收集。

②干过滤系统:干过滤系统就像一个筛子,在气流通过时,将油漆粒子和污物截住,只允许干净的气体通过。

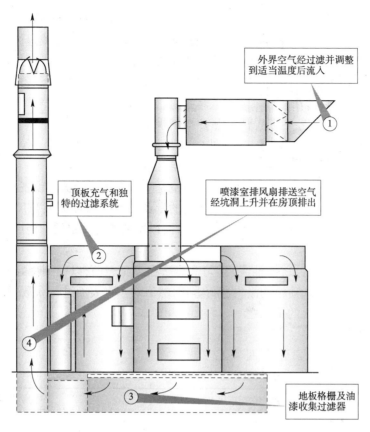

图 12-7 喷漆房过滤系统

(4) 喷漆原理

喷漆作业时,外界空气经过送风滤网,如果需要升温喷漆,则打开燃烧机,对冷空气进行加热,然后送入喷漆房内,如果是常温喷漆,则不需要开启燃烧机,冷空气直接经由顶部过滤棉送入喷漆房内,携带着喷涂时产生的漆雾和空气中的灰尘,通过底部过滤棉过滤后,直接排出喷漆房外,如图 12-8 所示。

2) 烤漆房的工作原理

(1) 烤漆房的供气方式

烤漆房的供气方式仍然采用的是强制进风配合强制排风,与喷漆房完全相同,不再赘述。

(2) 烤漆房的换气方式

烤漆房的换气方式普遍采用下向通风,与喷漆房的换气方式相同。

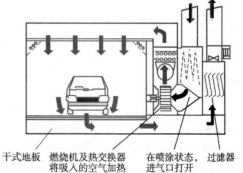

图 12-8 喷漆原理图

(3) 烤漆房的过滤系统

烤漆房过滤系统普遍采用干式过滤,主要是将烤漆产生的溶剂挥发物过滤,避免污染环境,其构造和原理与喷漆房过滤系统相同。

(4) 烤漆原理

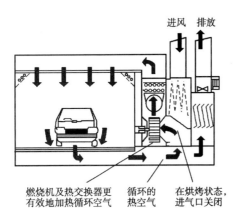

图 12-9 烤漆原理图

烤漆作业时,外界的冷空气经过送风滤网,经由燃烧机加热后,经过顶部过滤棉过滤,送入烤漆房内,形成热对流,从而对漆面进行循环加热。热空气携带溶剂挥发物经过底部过滤棉过滤,再经燃烧机加热送入烤漆房,如此往复循环。进气口处于关闭状态,少量热空气携带溶剂挥发物经由排风口过滤排出,如图 12-9 所示。

3. 空气喷枪

喷枪是喷涂系统中的关键设备,是经过精确设计和制造的专业工具。每种类型和尺寸的喷枪都经过专门设计,以用来执行特定的功能或完成特定范围内的工作。

喷枪的主要作用是将涂料(油漆)均匀地喷涂在车身表面,以得到良好的防腐与漆装效果。利用压缩空气对进入喷枪的涂料进行雾化,然后对车身表面进行涂敷(简称空气喷涂),是车身表面装饰中最重要的工艺之一。

1) 空气喷枪的分类

(1) 按涂料的供应方式分类,见表 12-2。

空气喷枪的分类(按涂料的供应方式)　　　　　表 12-2

类　型	涂料供应方式	喷枪外形
重力式喷枪	枪壶在喷枪的上方,油漆是靠地球的引力以及在喷嘴处产生的吸力供应至喷嘴的	
虹吸式喷枪	枪壶在喷枪的下方,油漆是靠喷嘴处产生的吸力供应的	

续上表

类　型	涂料供应方式	喷枪外形
压送式喷枪	涂料罐和喷枪是分开的,涂料在涂料罐内被压缩空气加压,并供至喷枪	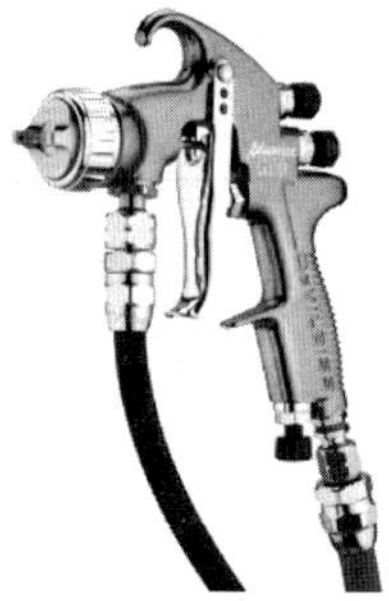

(2)按使用对象分类,见表12-3。

空气喷枪按使用对象可以分为经济传统系列、中档传统系列和高档环保系列。

空气喷枪的分类(按使用对象)　　　　表12-3

类　型	特　点	使用对象	喷枪外形
经济传统系列	性能良好,性价比优越	三类修理厂,快修店	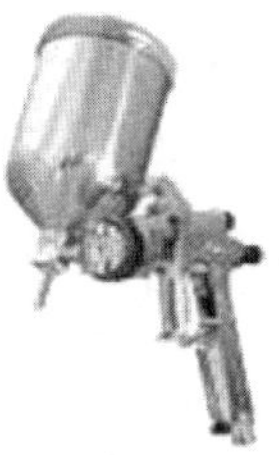
中档传统系列	性能优异,工艺良好	部分4S店,二、三类修理厂	
高档环保系列	性能卓越,技术含量高	油漆公司,4S店	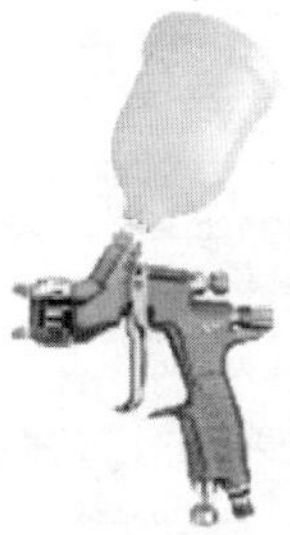

(3)按雾化技术分类。

空气喷枪按雾化技术可以分为传统高压型[图12-10a)]、HVLP技术型[图12-10b)]和LVMP技术型[图12-10c)]。

a)传统高压型　　　b)HVLP技术型　　　c)LVMP技术型

图 12-10　空气喷枪的分类(按雾化技术)

① 传统高压型喷枪。

传统高压型喷枪的进气压力高达 4bar,雾化压力可以达到 2bar,因此可以节省压缩空气用量,也正因为雾化压力过大,导致涂料被过度雾化,涂料流失增加,传递效率大幅降低。

② HVLP 技术型喷枪。

HVLP 技术是指高空气流量、低风帽压力技术,采用 HVLP 技术的喷枪又叫环保喷枪,其主要技术特点是当枪尾压力为 2bar 时,空气帽的雾化压力不高于 0.7bar。现在,包括美国和欧洲在内的许多国家和地区都规定必须使用 HVLP 喷枪。

HVLP 喷枪的优势:a.通过降低气压以减少过度雾化,从而减少涂料的流失,有效节约喷涂材料成本;b.提高油漆的传递效率(达到 65% 以上)以减少污染,从而起到保护环境的作用;c.由于油漆从工件上的反弹较小,因此可以有效减少溶剂或稀释剂等有毒物质的排放,从而降低喷涂工作对喷漆技师健康的损害;d.较少的漆雾还可以延长烤房过滤系统的寿命。

HVLP 喷枪的劣势(相对于传统高压喷枪):a.稍微减慢工作速度;b.需要较多的压缩空气量来完成雾化。

③ LVMP 技术型喷枪。

LVMP 技术是指低空气流量、中风帽压力技术,LVMP 技术型喷枪、HVLP 技术型喷枪和传统高压型喷枪三者传递效率的差异主要在于空气的流速。研究表明,涂层在被压缩空气雾化成微粒后,从枪口喷出的瞬时速度一般在音速左右,然而当喷枪与喷涂工件的距离缩短至 200mm 左右时,空气的流速开始出现显著的变化。

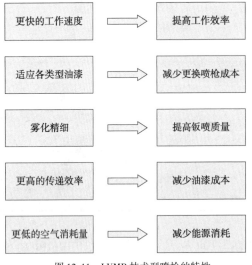

图 12-11　LVMP 技术型喷枪的特性

LVMP 技术型喷枪的空气流速低于 HVLP 技术型喷枪以及传统雾化喷枪。因空气流速低,使得被雾化的涂料粒子更加平稳地到达工件表面,有效地降低了涂料的反弹,大大提升了传递效率。即使加之更强的空气压力,LVMP 技术型喷枪的雾化效果仍优于 HVLP 技术型喷枪。LVMP 技术型喷枪的特性,如图 12-11 所示。

④ 采用不同雾化技术喷枪的性能比较,见表 12-4。

不同雾化技术喷枪的性能比较　　表 12-4

雾化技术 性能参数	类型	传统高压型喷枪(高压)	LVMP 技术型喷枪(中压)	HVLP 技术型喷枪(低压)
		气压雾化	气压及气流雾化	气流雾化
进气压力(bar)		2.5~4	2.0	2.0
雾化压力(bar)		2	1.65	0.7
耗气量(L/min)		380	280~300	380~450
喷幅(mm)		250~270	270~310	310~330
油漆传递效率(%)		35	≥65	≥65

2)重力式喷枪的结构

(1)重力式喷枪的外部结构,如图 12-12 所示。

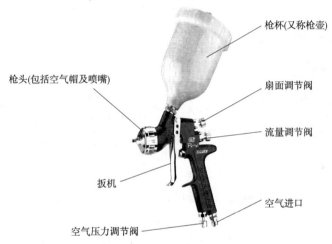

图 12-12　重力式喷枪的外部结构

(2)重力式喷枪的内部结构,如图 12-13 所示。

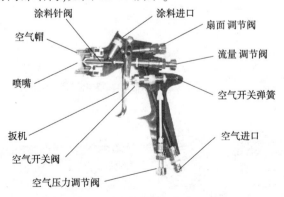

图 12-13　重力式喷枪的内部结构

(3)重力式喷枪的前部构造,如图 12-14 所示。

新的前置装配组件是指在喷嘴后面的三个部件,包括白色的密封垫圈、铝制的导流环垫片以及空气导流环。

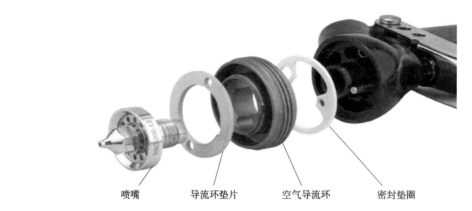

图 12-14 重力式喷枪的前部构造

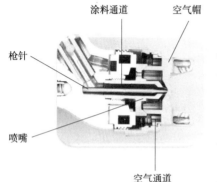

图 12-15 重力式喷枪的主要零件

(4) 重力式喷枪的主要零件,如图 12-15 所示。

重力式喷枪的主要零件包括空气帽、喷嘴、枪针、扳机、气流控制钮、气阀、扇形调节钮(模式控制钮)和手柄。

(5) 空气帽。

空气帽把压缩空气流吸上来的油漆雾化并形成一定的喷幅。空气帽上的喷孔有三种,即中心孔、调节孔和辅助孔,如图 12-16 所示。中心孔用来在喷嘴处产生真空以喷出涂料;调节孔利用压缩空气的大小来调节喷幅;辅助孔用来使涂料雾化更精细并且保持空气帽的清洁。此外,通过旋转空气帽到不同的角度还可以改变喷幅的方向。

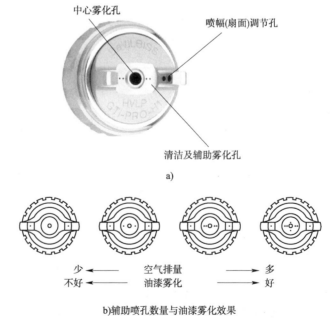

图 12-16 空气帽

(6)喷嘴。

喷嘴由高级不锈钢材料制成,与风帽一起完成对喷枪雾化扇面的控制,如图12-17所示。它的口径用毫米表示,不同口径的喷嘴拥有不同的油漆吐出量(表12-5)。

图12-17 喷嘴

喷嘴口径及流量　　　　表12-5

喷嘴类型	喷嘴口径(mm)	流量(cc/min)
重力式	1.4	<250
	1.6	<300
	1.8	<350

(7)枪针

枪针由高级不锈钢制成,与喷嘴一起完成对喷枪流体的控制,如图12-18所示。

图12-18 枪针

3)重力式喷枪的工作原理

(1)重力式喷枪的空气流向如图12-19所示,压缩空气经由进气口、空气阀、扇面控制阀后,再由空气帽喷出。

(2)重力式喷枪的涂料流向如图12-20所示,涂料经由油漆进口、针阀后,再由喷嘴喷出。

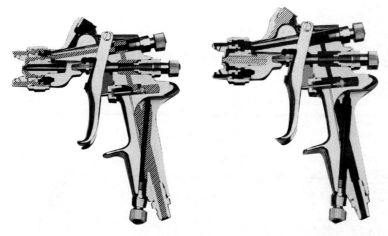

图12-19 空气流向　　　　图12-20 涂料流向

(3)重力式喷枪是利用涂料自身重力流入喷嘴进行雾化喷射的,涂料雾化的三个阶段如下:

①涂料被高速气流从针阀处吸出,并被环形空气流所包围,促使涂料液体开始分裂。

②在辅助空气流的冲击下加速涂料液体的分裂。

③涂料雾束被从气帽侧孔吹出的气流压缩成椭圆形喷出。

4)重力式喷枪的启用操作流程

(1)连接气源

操作方法：使用专用的空气软管连接油水分离器的空气出口以及喷枪的空气进口(为了更好地调整气压,建议安装气压调节表),如图12-21所示。

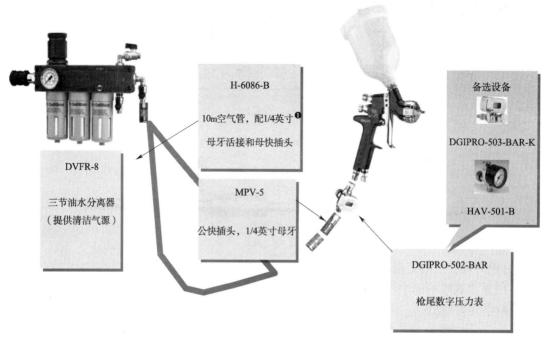

图12-21 连接气源

(2)装入涂料(图12-22)

操作方法：

①根据涂料制造商的说明,混合涂料并过滤。

②打开壶盖,将准备好的涂料倒入枪壶中,涂料深度不要超过11cm。

③盖上壶盖。

(3)初始调整

初始调整主要包括涂料流量、扇面大小和喷涂气压的调整,如图12-23所示。

(4)测试喷涂形状

喷涂一幅静态的竖形图案,确定该图案的尺寸和形状是否标准。如发现喷幅有任何畸形问题都应及时纠正,如图12-24所示。

图12-22 装入涂料

❶ 1英寸=0.0254m,下同。

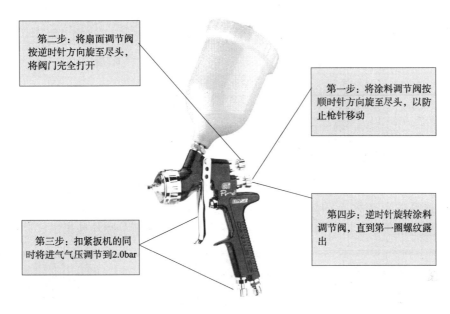

图 12-23 初始调整

（5）测试涂料颗粒

首先喷涂一幅图案，然后仔细观察图案中涂料颗粒的大小，如果出现斑点或大块水珠，表示涂料喷涂不均匀，如图 12-25 所示。适度增加进气压力后再进行测试，持续这样的步骤直到涂料颗粒的大小相对统一。如果涂料颗粒太细，则可通过降低进气压力来进行调整。

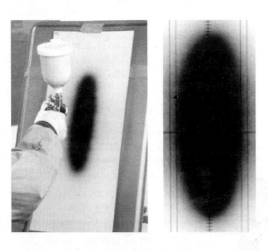

图 12-24 测试喷涂形状

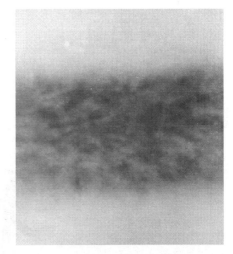

图 12-25 喷涂不均匀的图案

（6）测试漆面湿度

首先喷涂一幅图案，然后仔细观察漆面的湿润程度，如果漆面太干，则降低进气压力，以减少空气流量；如果漆面太湿，则顺时针旋转涂料调节阀，以减少涂料流量，如图 12-26 所示。

图 12-26 测试漆面湿度

（7）测试涂料流量（图 12-27）

操作方法：

①喷涂前先将空气帽旋转 90°，以喷出水平的图案。

②喷涂至图案有垂流现象后立即停止。

③观察垂流图案的形状，如有问题需进行相应的调整。

5）喷枪操作技巧

正确地使用喷枪操作技巧能产生最佳的喷涂质量，同时提高喷涂效率，节约涂料成本。喷漆技师要掌握好持枪的位置、喷涂的距离、走枪的速度、喷形的搭接以及扳机的行程等技术要领，才能获得满意的喷涂效果。

  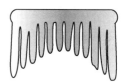

a) 涂料流量不足　　　b) 涂料流量适合　　　c) 涂料流量过大

图 12-27 测试涂料流量

（1）旋钮调节

旋钮调节是指涂料流量调节、扇面调节和气压调节，如图 12-28 所示。

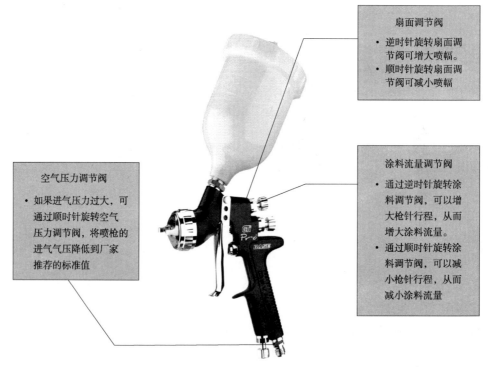

图 12-28 旋钮调节

(2) 确定合适的喷涂距离

①喷涂距离一般指喷枪空气帽雾化孔到需喷涂物件表面的直线长度。确定合适的喷涂距离的简易方法如图12-29所示。

②HVLP、LVMP的喷枪喷涂距离为10～20cm,普通喷枪喷涂距离为15～25cm,Devilbiss特威喷枪的最佳喷涂距离为15cm,过近或过远都可能影响实际喷涂效果。

图12-29 简易方法确定合适的喷涂距离

③针对不同类型的涂料,还需要根据涂料生产商的具体说明以确定最合适的喷涂距离。

(3) 保持固定的喷涂距离

为确保漆面的均匀度,在喷涂过程中,喷枪与被喷工件间应始终保持一致的距离,如图12-30所示。要做到这一点,就必须在整个走枪的过程中始终保持喷枪与被喷涂平面呈直角,并确保手臂沿着被喷工件的表面做平行运动,绝对不能以手腕或手肘为轴心做弧形摆动。

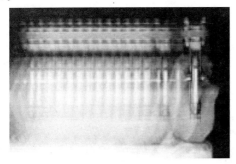

a)正确

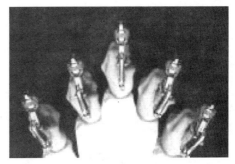

b)不正确

图12-30 正确和不正确的喷涂距离

(4) 确保一定的喷幅重叠

在实际喷涂时,需要让每道喷幅有50%的部分相互重叠,这样做的目的是为了确保喷涂后的漆面不会产生间隙,如图12-31所示。

图12-31 喷幅重叠

(5) 保持一定的走枪速度

喷枪的移动速度与涂料干燥速度、环境温度以及涂料的黏度有关,一般应保持30～50cm/s的速度进行匀速移动。走枪过快会使油漆太干,致使表面粗糙或产生"橘皮"。走枪过慢容易产生流挂,喷涂金属漆时容易引起聚银和起云。

(6) 喷涂末端的扳机控制

由于扣紧扳机时的涂料流量较大,因此为了避免每次走枪行将结束时所喷出的涂料堆积在工件边缘,需要在喷枪行程的末端略微放松一点扳机,以减少供漆量,如图12-32所示。

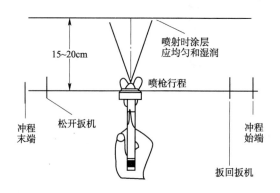

图12-32 喷涂末端的扳机控制

(7)走枪路线

常见的走枪方法有纵行重叠法、横行重叠法(图12-33)和纵横交替重叠法。喷涂路线一般应按从高到低、从左到右、从上到下、从里到外的顺序进行,最后在行程终点关闭喷枪。喷枪第二次单方向移动的行程与第一次相反,喷嘴与第一次行程的边缘平齐,喷幅的上半部与第一次喷幅的下半部重叠。

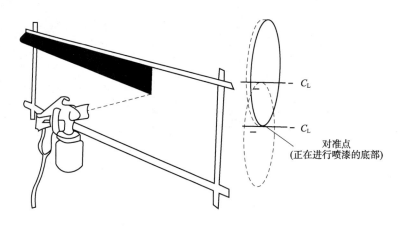

图12-33 横行重叠法

(8)走枪手法

汽车修补涂装中,被涂物的情况不同,喷漆走枪的手法也不同,常用的喷漆走枪手法有7种,如图12-34所示。

(9)喷涂顺序

①板件喷涂顺序主要有以下4种,如图12-35所示。

②整车喷涂顺序。

在横向排风的房间里,离排风扇最远的地方首先喷涂,从而能保证附在喷漆表面的灰尘最小,使漆面更光滑。首先对车顶盖喷涂,然后是左侧或右侧车门,下一步是同侧的后翼子板,接着是行李舱盖和后围板。对汽车另一侧的喷涂是从后翼子板开始,然后是车门和前翼子板、发动机罩、前裙板、门窗框,最后对另一侧的前翼子板喷涂,如图12-36所示。

项目十二 喷涂工具及设备

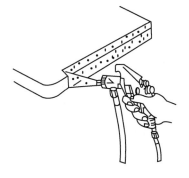

一般采用由右至左喷涂，并采用纵喷（喷出涂料呈垂直方向）。

一般采用由下而上，再由上而下喷涂，并采用横喷（喷出涂料成水平方向）。

a) 构件边缘的喷漆手法

b) 构件内角的喷漆手法

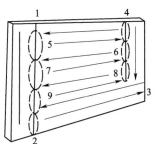

先由上而下进行(5→2)，然后左至右(6→3)，再由下而上进行(7→4)，依次完成(8→5→6→7→8→9)。

喷涂长而直立的构件平面时也是先由上而下进行，再由左而右，依次沿横向行进，每次行进45~90cm，次序9以后行程重叠10cm。

c) 小而直立平面的喷漆手法

d) 长而直立平面的喷漆手法

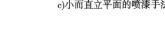

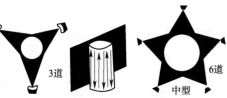

喷涂小圆柱构件时，由圆顶先自上往下再自下往上，分3~6道垂直行程喷完。

喷涂大圆柱体时，则由左至右再由右至左，水平行进，依次喷完。

e) 小、中型圆柱体的喷漆手法

f) 大型圆柱体的喷漆手法

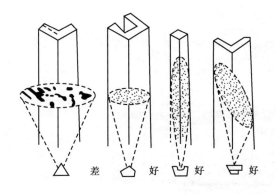

喷涂较长的、直径不大的棒状构件时，最好将雾束调窄一些与之配合。然而很多喷漆技师为了省事，不愿经常调整喷枪，而是使喷枪雾束的方位与棒状构件相适应。这样既可达到完全覆盖又不过喷的目的。

g) 棒状构件的喷漆手法

图 12-34 常见的走枪手法

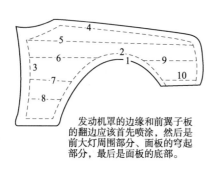

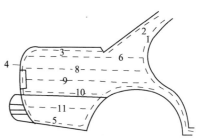

发动机罩的边缘和前翼子板的翻边应该首先喷涂，然后是前大灯周围部分、面板的穹起部分，最后是面板的底部。

首先喷涂边缘，然后喷漆技师站在面板的中间，以一个长而连续的行程喷涂面板。如果无法一次完成，就把这个区域分成两个部分。使用这种方法时，一定要特别注意中间的重叠。如果重叠的油漆太多，将会发生流挂。

a)前翼子板的喷涂顺序　　　　b)后翼子板的喷涂顺序

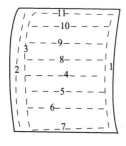

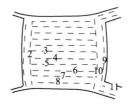

首先喷涂发动机罩的边缘，然后是发动机罩的前部，下一步是在前翼子板的侧面，从中心开始向边缘进行喷涂；另一侧也使用相同的方法喷涂。

为了方便对车顶盖进行喷涂，喷漆技师应站在长凳上，以便能触及车顶的中心。首先喷涂一侧的风窗边缘，然后从中心到外边；一侧完成后，再用相同的方法完成后部和侧面。

c)发动机机罩的喷涂顺序　　　　d)车顶盖的喷涂顺序

图 12-35　板件的喷涂顺序

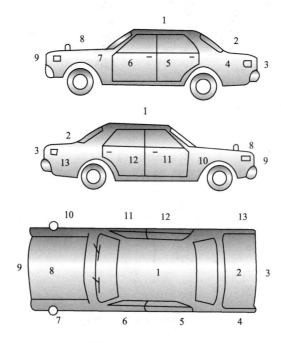

图 12-36　整车喷涂顺序

习 题

一、填空题

1. 喷漆房的主要作用是为喷漆提供_____,保证喷涂质量。
2. 常见的喷漆房类型包括_____和_____。
3. 单房式喷漆房集_____和_____为一体。
4. 烤漆房主要用于漆面的_____,加快漆面_____,提高工作效率。
5. 常见的烤漆房类型包括_____和_____。
6. 喷漆房的供气方式通常有_____和_____两种。
7. 喷漆房的换气方式有_____、_____和_____三种。
8. 喷漆房目前使用最多的两种过滤系统是_____和_____。
9. 空气喷枪按涂料的供应方式可以分为_____喷枪、_____喷枪和_____喷枪三类。
10. 空气喷枪按照使用对象可以分为_____系列、_____系列和_____系列。
11. 空气喷枪按照雾化技术可以分为_____型喷枪、_____型喷枪和_____型喷枪。
12. 喷枪三件套包括_____、_____和_____。
13. 喷枪的空气帽上的喷孔包括_____、_____和_____。
14. 重力式喷枪的压缩空气经由_____、_____、_____后,再由空气帽喷出。
15. 喷枪调节三要素是指_____、_____和_____。

二、判断题

1. 单房式喷漆房使用效率比双房式喷漆房高。( )
2. 喷漆房和烤漆房中严禁一切火种。( )
3. 热空气对流式烤漆房的设定烘烤温度是指烤漆房内空气的温度。( )
4. 进入喷漆房的空气不需要过滤。( )
5. 喷漆房的换气应达到每小时全换气两次或更多次的要求。( )
6. HVLP技术型喷枪相对LVMP技术型喷枪更节省压缩空气。( )
7. 使用喷枪前一定要检查喷杯上的气孔,无污垢堵塞,喷杯上密封圈无渗漏等。( )
8. 空气帽上的辅助喷孔越多,雾化效果越好。( )
9. 禁止将喷嘴对准人喷。( )
10. 喷枪使用后应及时清洗,不允许将喷枪放入清洗液中长时间浸泡。( )

三、选择题

1. 喷漆室内空气流向必须采用( )。
   A. 横向式   B. 纵向式   C. 上行式   D. 下行式
2. 喷漆房压力要求是( )。
   A. 微正压   B. 微负压   C. 标准大气压   D. 没有要求
3. HVLP技术是指( )。

A. 低流量高气压　　B. 高流量低气压　　C. 低流量低气压　　D. 高流量高气压

4. LVMP 技术是指(　　)。

　　A. 低流量高气压　　B. 高流量低气压　　C. 低流量中气压　　D. 高流量高气压

5. 传统高压喷枪的进气压力要求是(　　)bar。

　　A. 1.7　　B. 2.0　　C. 2.5　　D. 2.5~4.0

6. HVLP 技术型喷枪的进气压力通常要求为(　　)bar。

　　A. 1.7　　B. 2.0　　C. 2.5　　D. 2.5~4.0

7. HVLP 技术型喷枪的雾化压力为(　　)bar。

　　A. 2.0　　B. 1.65　　C. 0.7　　D. 1.0

8. LVMP 技术型喷枪的进气压力通常要求为(　　)bar。

　　A. 1.7　　B. 2.0　　C. 2.5　　D. 2.5~4.0

9. LVMP 技术型喷枪的雾化压力为(　　)bar。

　　A. 2.0　　B. 1.65　　C. 0.7　　D. 1.0

10. HVLP 技术型喷枪的油漆传递效率可达(　　)。

　　A. 35%　　B. 55%　　C. 65%　　D. ≥65%

四、简答题

1. 请叙述喷漆房的工作原理。
2. 请叙述烤漆房的工作原理。
3. 重力式喷枪的雾化原理是什么？
4. 重力式喷枪的启用操作流程是什么？
5. 重力式喷枪的操作技巧有哪些？

项目十三　涂　料　基　础

学习目标

完成本项目学习后,你应能:
1. 给出涂料的定义;
2. 复述涂料的主要作用并列举生活中的应用实例;
3. 按照不同的分类标准对涂料进行分类;
4. 记住涂料的基本成分。

建议学时

4学时。

在我国,涂料的传统名称为油漆。所谓涂料,是指涂覆在被保护或被装饰的物体表面,并能与被涂物形成牢固附着的连续薄膜,通常是以树脂、油、乳液为主,添加或不添加颜料、填料,添加相应助剂,用有机溶剂或水配制而成的黏稠液体。我国涂料界比较权威的《涂料工艺》一书是这样定义的:"涂料是一种材料,这种材料可以用不同的施工工艺涂覆在物件表面,形成粘附牢固、具有一定强度、连续的固态薄膜。这样形成的膜通称涂膜,又称漆膜或涂层。"

1. 涂料的定义

涂料是一类流体状态或粉末状态的物质,把它涂布于物体表面上,经过自然或人工的方法干燥固化形成一层薄膜,均匀地覆盖、良好地附着在物体表面上,具有保护和装饰的作用。这样形成的膜通称涂膜,又称漆膜或涂层。以前常被称为"油漆"的原因是采用植物油作为成膜物质。自20世纪以来,各种合成树脂获得迅速发展,用其作主要成分配制的涂装材料被更广义地称为"涂料"。

石油化工和有机合成工业的发展,为涂料工业提供了新的原料来源,使许多新型涂料不再使用植物油脂。所以,"油漆"这个名词显得不够贴切,而代之以"涂料"这个新的名词。因此,可以这样定义涂料:涂料是一种可用特定的施工方法涂布在物体表面上,经过固化能形成连续性涂膜的物质,并能通过涂膜对被涂物体起到保护、装饰等作用。

2. 涂料的作用

人类生产和使用涂料已有悠久的历史,涂料对人类社会的发展起到了重要作用,而且在今后将继续发挥更大的作用。涂料对所形成的涂膜而言,是涂膜的"半成品",涂料只有经过使用施工到被涂物件表面形成涂膜后才能表现出其功能。涂料通过涂膜所起的作用,可概括为以下几个方面。

1)保护作用

物体暴露在大气中,受到水分、气体、微生物、紫外线等各种介质的作用,会逐渐发生腐蚀,造成金属生锈、木材腐朽、橡胶老化、水泥风化等破坏现象,从而逐渐丧失其原有性能,降低其寿命。在物件表面涂以涂料,形成一层保护膜,使腐蚀介质不能直接作用于物体,避免了腐蚀的发生,从而延长物品的使用寿命。如图13-1所示。

图13-1 涂料的保护作用

2)装饰作用

随着社会科学技术的发展,人类对生活质量的追求日益提高,人们对居住、工作和生活环境的要求已经从满足基本的需要上升到追求舒适和品位的高层次需求,因此,涂料的装饰功能就显得更为重要。涂料涂覆在物体表面上,不仅可以改变物体原来的颜色,而且涂料本身可以很容易调配出各种各样的颜色,这些颜色既可以做到色泽鲜艳、光彩夺目,又可以做到幽静宜人。通过涂料的精心装饰,可以将汽车、火车、轮船、自行车等交通工具变得明快舒适,可使房屋建筑和大自然的景色相匹配,更可使许多家用电器不仅具有使用价值,而且成为一种装饰品。因此,涂料是美化生活环境不可缺少的,对于提高人们的物质生活和精神生活有不可估量的作用。如图13-2所示。

图13-2 涂料的装饰作用

3)标识作用

涂料可用作广告标志色彩,利用不同色彩来表示警告、危险、安全、前进、停止等信号。

特别是交通道路上,通过涂料醒目的颜色,可以制备各种标志牌和道路分离线,它们在黑夜里依然清晰明亮。对于一些特种车辆,比如消防车、救护车等,我们可以通过涂料颜色很容易地识别。如图 13-3 所示。

图 13-3 涂料的标识作用

4)特殊作用

应用涂料的特殊性能,使汽车具有特殊功用来完成特种作业或适应特定的使用条件,如图 13-4 所示。有些涂料还具有绝缘、抗菌、防热和环保等特殊功能,如标志漆、防霉漆、防火漆、防水漆、绝缘漆等。

图 13-4 涂料的特殊作用

3. 涂料的分类

1)按照主要成膜物质分类

涂料按主要成膜物质可以分为醇酸树脂涂料、丙烯酸树脂涂料、环氧树脂涂料、聚酯树脂涂料、氨基树脂涂料、硝基涂料等。

(1)醇酸树脂涂料

醇酸树脂涂料是以醇酸树脂为主要成膜物质的一类涂料。多元醇和多元酸可以进行缩聚反应,所生成的缩聚物大分子主链上含有许多酯基(—COO—),这种聚合物称为聚酯。涂料工业中,将脂肪酸或油脂改性的聚酯树脂称为醇酸树脂。

(2)丙烯酸树脂涂料

以丙烯酸酯、甲基丙烯酸酯及苯乙烯等乙烯基类单体为主要原料合成的共聚物,称为丙烯酸树脂。以其作为主要成膜物质的涂料,称为丙烯酸树脂涂料。丙烯酸树脂涂料发展到今天,已是类型最多、综合性能最全、通用性最强的一类合成树脂涂料。与其他高分子树脂相比,丙烯酸树脂涂料具有许多突出的优点,如优异的耐光、耐候性,户外暴晒耐久性强,紫外光照射不易分解和变黄,能长期保持原有的光泽和色泽,耐热性好;耐腐蚀,有较好的耐酸、碱、盐、油脂、洗涤剂等化学品沾污及腐蚀性能。

(3)环氧树脂涂料

环氧树脂涂料是以环氧树脂为主要成膜物质制成的。环氧树脂涂料附着力好、机械强度高、柔韧性尚可、耐化学品性好,具有防腐防锈功能,所以常用作防锈底漆。

(4)聚氨树脂涂料

聚氨树脂涂料是以聚氨基甲酸树脂为基料的涂料的简称,可分为聚氨酯改性油、高温固化聚氨酯、封闭型聚氨酯、催固化型聚氨酯、多羟基组分固化型聚氨酯五类。

(5) 氨基树脂涂料

氨基树脂涂料是以氨基树脂和醇酸树脂为主要成膜物质的一类涂料,氨基树脂是热固性合成树脂的主要品种之一。用来制备涂料的氨基树脂有三种:一种是三聚氰胺甲醛树脂,另外两种是脲醛树脂和苯代三聚氰胺甲醛树脂。

(6) 硝基涂料

硝基涂料是以硝化棉为主要成膜物质的一类涂料。从组成上看,硝化棉为主体,合成树脂、增韧剂、溶剂与稀释剂为基料,然后添加颜料,经机械研磨、搅匀、过滤而成为磁漆。

2) 按成膜类型分类

涂料按照成膜类型可以分为氧化聚合干燥型涂料、双组分固化型涂料、溶剂挥发型涂料和热固化型涂料。

(1) 氧化聚合干燥型涂料

氧化聚合干燥型涂料在溶剂或分散介质挥发的同时,通过涂料中的成膜物质与大气中的氧气氧化聚合反应而固化成膜。添加有机酸的金属皂可加快干燥的过程,这一类有机酸的金属皂被称为催干剂。长链脂肪酸(脂)通过氧化而使分子量增加,达到氧化聚合,干结成膜。

(2) 双组分固化型涂料

双组分固化型涂料分为 A 组分和 B 组分。A 组分含有—NCO 基团,B 组分含有—OH 基团。当 A、B 两组分按一定的比例混合后,—NCO 与—OH 反应固化并交联,形成防腐覆盖层。在聚氨酯涂料家族中,此类涂料的品种最多,产量最大,应用范围最广。双组分固化型涂料可以含溶剂,也可以不含溶剂。这类涂料最常见的是聚酯多元醇固化涂料和聚醚多元醇固化涂料。

(3) 溶剂挥发型涂料

溶剂挥发型涂料是由涂层中溶剂的挥发而干燥成漆膜的。其干燥成膜过程如下:当在基材上涂刷了一层聚合物涂料后,涂层中的溶剂分子从涂层中向外扩散,扩散的速度随着涂层固化,阻力逐渐加大而慢慢减小,已挥发出的溶剂分子在涂层上形成一层气体层,最后溶剂分子冲出气体层向外扩散逸出。其整个挥发过程中,随着溶剂的不断挥发,聚合物分子的浓度提高而逐渐紧密相接,最后聚合物分子紧密堆积而形成一层均匀且连续的涂膜。溶剂挥发型的涂料在常温下能自然蒸发,达到干燥状态,但升温能加快干燥速度。

(4) 热固化型涂料

热固化型涂料又称为高温固化型涂料,涂膜在 130~180℃下,溶剂挥发,包裹着颜料的树脂完成自交联,干燥固化成膜。

3) 按涂料作用分类

涂料按作用可以分为防护底漆、中涂漆、面漆、原子灰等。

(1) 防护底漆

直接涂布于物体表面的打底涂料称为防护底漆,如图 13-5 所示,它具备以下特性:

①对底材表面具有良好的附着力,对中涂层或面漆层具有良好的结合力。

②底漆干燥后具有很好的物理性能和机械强度,能随金属伸缩、弯曲,能抵抗外来的冲击力而不开裂、脱落,能抵抗其上面涂层的溶剂溶蚀而不会咬起。

③具有一定的填充性。

④底漆种类比较多,现代汽车涂装中以环氧底漆和侵蚀底漆最为常见。

(2) 中涂漆

中涂漆是指介于底漆涂层和面漆涂层之间所用的涂料,也称底漆喷灰,俗称"二道浆",如图13-6所示。中涂漆的主要功能是改善被涂工件表面和底漆涂层的平整度,为面漆层创造良好的基础,以提高面漆涂层的鲜映性和丰满度,提高整个涂层的装饰性和抗石击性。

图 13-5　防护底漆

图 13-6　中涂漆

中涂漆具备以下特性:

①与底漆、面漆配套良好,涂层间的结合力强,硬度适中,不被面漆的溶剂咬起。

②具有足够的填平性。

③打磨性能良好,不沾砂纸,在打磨后能得到平整光滑的表面。

④具有良好的韧性和弹性,抗石击性良好。

(3) 面漆

面漆是相对于底漆而言,涂装于被涂物面最上层的涂料。在涂装时,先用底漆打底,再用面漆罩面。面漆的主要作用是对被涂物提供保护作用的同时,提高被涂物面的装饰性。

(4) 原子灰

原子灰又称加聚型腻子,是一种膏状或厚浆状的涂料,容易干燥,干燥后坚硬,耐砂纸打磨。原子灰主要用于填平底材上的凹坑、缝隙、孔眼、焊疤、刮痕以及加工过程中所造成的物面缺陷等,使底材表面达到平整,使面漆的丰满度和光泽度等能够充分地显现。

原子灰是涂料,所以也是由树脂、颜料、溶剂和添加剂等组成的。现在常见的原子灰基本都是聚酯树脂原子灰。原子灰中的颜料以体质颜料为主,配以少量的着色颜料。原子灰多为双组分产品,需要加入固化剂后方能干燥固化,以提高硬度和缩短干燥时间。汽车车身常用原子灰如图13-7所示。

4) 按照外观效果分类

涂料按照外观效果可以分为素色漆、金属漆和珍珠漆。

a)普通原子灰　　b)合金原子灰　　c)纤维原子灰　　d)塑料原子灰　　e)幼滑原子灰

图 13-7　车身常用原子灰

(1) 素色漆

素色漆主要成分为树脂、颜料和添加剂,如图 13-8 所示,大致有黑色、白色、红色、黄色等基本颜色。为了追求颜色的标准,普通漆中不会掺杂过多的银粉。因此,普通漆的颜色通常比较纯正,但漆面本身的光泽表现比较暗淡,而且漆面的强度也不是很高。所以,素色漆的车身在清洁时不可以直接用干布或湿布擦拭,一定要先用大量的清水冲掉附着于车漆表面的灰尘,这样才不会在抹布接触车体时让车漆有机会被坚硬的微小灰尘颗粒刮伤。

(2) 金属漆

金属漆是在漆面里掺配了金属粉末,如图 13-9 所示。金属漆不但可以让经过涂装后的钣金件表面看起来更加亮丽,而且在不同的角度下,由于光线的折射,会让车身颜色甚至轮廓都有所变化,让整车外观造型看起来更丰富、更有立体感。

图 13-8　素色漆　　　　　　　　　图 13-9　金属漆

金属漆的优点在于表面有金属光泽,比较好看,但这并不表示它的防腐性或者硬度比非金属漆好,与人们印象中的"金属"是两回事。汽车的面漆质量高低取决于两个方面:一个是车漆的品牌及质量,另一个是喷涂的工艺过程。

(3) 珍珠漆

与金属漆类似,珍珠漆(图 13-10)中加入的是云母粒。云母是很薄的一片一片的结构,因此反光有方向性,就产生了色彩斑斓的效果。

5) 按涂料性能分类

按涂料性能可将涂料分为单组分涂料和双组分涂料。

(1) 单组分涂料

单组分涂料,通俗说就是只有一个包装,打开包装桶就可以使用了,或是加点稀料,如加点水进行稀释,如图 13-11 所示。稀料不算一个独立的组分,加入的稀料与产品的反应一般是物理固化或氧化固化。

图 13-10 珍珠漆　　　　　　　图 13-11 单组分涂料

单组分涂料的干燥方式属于溶剂挥发型,如图 13-12 所示。

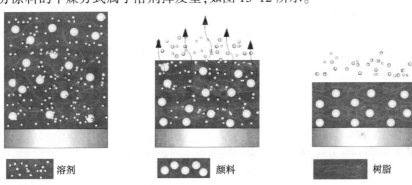

图 13-12 单组分涂料的干燥方式

(2) 双组分涂料

双组分涂料也称为 2K 涂料,如图 13-13 所示。需要与固化剂和稀释剂混合后才能使用,两个组分混合后会发生化学反应,一般混合后需在一定的时间内使用。

双组分涂料的干燥方式属于化学反应型,如图 13-14 所示。

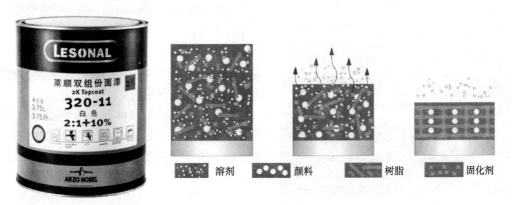

图 13-13 双组分涂料　　　　　　图 13-14 双组分涂料的干燥方式

(3) 单组分涂料和双组分涂料的调配方法

① 单组分涂料：溶剂挥发成膜，调配时只需要添加稀释剂，搅拌均匀即可。

② 双组分涂料：化学反应成膜，调配时先加催干剂，再加稀释剂，搅拌均匀，需要熟化时间。

6) 按照施工方式分类

涂料按照施工方式可以分为单工序涂料和双工序涂料。

(1) 单工序涂料：在施工时只需喷涂色漆层。

(2) 双工序涂料：在施工时需要喷涂色漆层和清漆层，中间要留有一定的闪干时间。

(3) 单工序面漆和双工序面漆的辨别方法。

打蜡法：使用白色棉布配合细抛光蜡，擦拭涂层表面。如果漆膜掉色，则是单工序涂层；如果漆膜没有颜色掉落，则是双工序涂层。

4. 涂料的组成

涂料经过施工在物件表面形成涂膜，因而涂料的组成中就包含了施工过程和组成涂膜所需要的组分。其中组成涂膜的组分是最重要的，是每一个涂料品种中所必须含有的，这种组分通称成膜物质。在带有颜色的涂膜中，颜料是其组成中的一个重要组分。为了完成施工过程，涂料组成中还含有溶剂组分。为了施工和涂膜性能等方面的需要，涂料组成中还需要含有添加剂组分，如表13-1所示。

涂料的组成　　　　　　　　　　　表13-1

组　成	原　料	主要作用
树脂	天然树脂：虫胶、松香、天然沥青等 合成树脂：酚醛、醇酸、氨基、丙烯酸树脂等	结合湿润颜料，提供附着力、光泽度、硬度和耐久性
颜料	无机颜料：钛白粉、氧化锌、铬黄、铁蓝、炭黑等 有机颜料：甲苯胺红、酞菁蓝、耐晒黄等	是一种固体粉末，可为涂层提供色彩和填充性
溶剂	石油溶剂、苯、甲苯、二甲苯、松节油、环戊二烯等	溶解树脂，混合颜料
添加剂	增塑剂、稳定剂、流平剂、防霉剂、防结皮剂、引发剂等	加强油漆的施工性能、储存性能

1) 树脂

树脂是涂料组成的基础，它具有黏结涂料中其他组分并形成涂膜的功能，对涂料和涂膜的性质起着决定性作用，如图13-15所示。最原始的涂料成膜物质主要是植物油，如漆树；如今随着科学技术的发展和成膜特性的需要，合成树脂广泛应用在涂料生产中。

涂料用树脂从来源可分为两类：来源于自然界的天然树脂、用化工原料合成的合成树脂。现代涂料中使用的树脂品种，以合成树脂为最多，并在不断发展。

(1) 天然树脂：一般是从动物和植物中提炼出来，如虫胶、松脂等。

图13-15　树脂

（2）合成树脂：主要是从炼油工业中提炼出来，如丙烯酸树脂、氨基树脂、硝基树脂等。合成树脂按照其化学特性又可分为热塑性树脂、热固性树脂和自交键树脂，如图13-16所示。

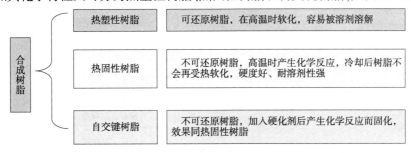

图13-16 合成树脂的种类

2）颜料

颜料是色漆生产中不可缺少的成分之一，如图13-17所示。其主要作用，最明显的是赋予漆膜色彩和装饰性，此外，还能提高涂膜机械强度、附着力、防腐性、耐光、耐候等。颜料，还涉及颜色、遮盖力、着色力、吸油量、耐光耐候等概念。

（1）着色颜料

着色颜料在涂料中的主要作用是赋予涂料各种不同的颜色，提高涂料的遮盖性能，满足涂料的装饰性和其他特殊的要求。着色颜料分类见图13-18。

图13-17 颜料

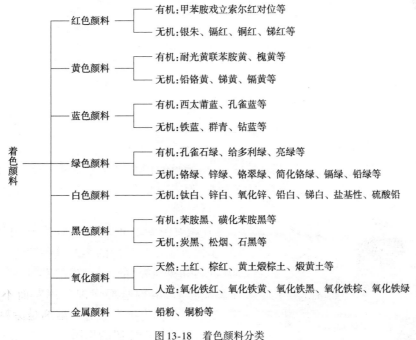

图13-18 着色颜料分类

（2）体质颜料

体质颜料又称为填料或填充料。涂料中凡折光率较低的白色或无色的细微固体粒子，配合其他颜料分散在有色颜料中，用以提高颜料的体积浓度，增加涂膜的厚度和耐磨能力，几乎无着色和遮盖力的，统称为体质颜料。体质颜料分类见图13-19。

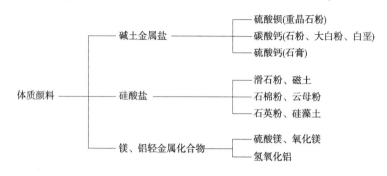

图13-19 体质颜料分类

(3)防锈颜料

防锈颜料是涂料中主要起防锈作用的底漆等的重要组成，多为具有化学活性的物质。涂料用于防腐的主要作用是从两个方面体现的：一种是用物理隔绝的方法，另一种是用化学侵蚀的方法。防锈涂料由于其防锈作用的侧重点不同，有的偏重于物理防锈，有的偏重于化学活性防锈，因此采用的防锈颜料也不尽相同。防锈颜料分类见图13-20。

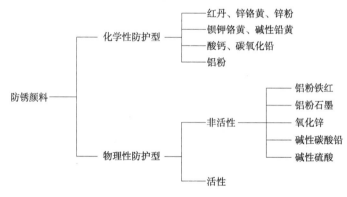

图13-20 防锈颜料分类

(4)特殊颜料

特殊颜料主要用于赋予涂料某种特殊功能，常见的特殊颜料有金粉、银粉、珠光粉、荧光颜料、发光颜料、蓄光颜料、示温颜料、防污颜料、耐高温复合颜料。

3)溶剂

凡能够溶解其他物质的物质都叫作溶剂，如图13-21所示。涂料用的溶剂是一种能溶解成膜物质(油料和树脂等)的、易挥发的有机液体。在涂料干燥成膜后，溶剂全部或部分挥发而不留在涂层中，故溶剂又称为挥发成分。溶剂是涂料的重要组成部分，起着辅助成膜的作用。

值得一提的是溶剂的一个特性——毒性，由于部分溶剂会损害人体皮肤、呼吸道和消化系统，所

图13-21 溶剂

以接触溶剂时一定要做好个人安全防范,如带呼吸器、防溶剂手套。

(1)涂料中溶剂的主要特性

①溶解力。

溶解力即溶剂溶解油料或树脂的能力。

②挥发率和沸点。

溶剂的挥发率即溶剂的挥发速率,它能控制涂膜处于流体状态的时间长短。

③闪点。

闪点即混合气体在遇火花或火焰时产生爆燃的最低温度。熟知各种常用溶剂的闪点对于安全施工具有非常重要的意义。

④毒性和气味。

某些溶剂,如苯,对人体有积累性毒性,而另一些溶剂在空气中的浓度超过一定数值之后对人体也是有害的。

(2)溶剂的分类

溶剂按照其作用的不同,分为真溶剂、助溶剂和稀释剂三类。真溶剂是起溶解树脂作用的溶剂,不同的树脂体系所使用的真溶剂是不同的,例如丙烯酸需要芳香烃和酮类,硝基涂料则需酮类和酯类。助溶剂是起促进真溶剂溶解能力作用的溶剂,例如将醇类溶剂加入硝基涂料中可以提高溶解效果。稀释剂对于特定的树脂不会起溶剂的作用,但可以减少溶剂和产品的消耗,其作用为稀释树脂及分散颜料。

(3)涂料所用溶剂的要求

①有良好的溶解性和挥发性,溶剂与主要成膜物质混溶要均匀,挥发速度应符合施工要求。

②涂料的各组成部分无化学变化发生。

③低毒,价廉,原料来源丰富。

4)添加剂

(1)添加剂的作用

涂料用的添加剂,如图13-22所示,主要用于调整和改进涂料和涂层的综合性能,主要表现在4个方面:

①对涂料生产过程起作用。

②对涂料储存过程起作用。

③对涂料施工成膜过程起作用。

④对涂膜性能起作用。

(2)常见的添加剂

①润湿分散剂。

颜料是一种原始颗粒的聚集体,研磨分散的结果就是将这种聚集体解聚成原始颗粒状态分散到

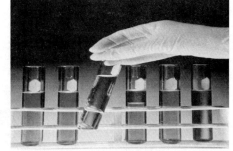

图13-22 添加剂

漆料之中,分散效果不佳将导致解聚不完全或者重新絮凝,造成浮色发花、沉底、光泽下降等弊病。颜料在分散时必须经历润湿、粉碎、稳定三个步骤。润湿助剂增进颜料附聚体的润湿,分散助剂稳定颜料分散体,防止絮凝,一种产品常常兼具润湿和分散功能。

②流平剂。

流平剂通过降低涂膜表面张力,改善流动方式以获得良好的涂膜外观,部分特殊的助剂能同时提供滑爽、增硬、抗划伤、防粘连的效果。主要品种有:有机硅系流平剂、丙烯酸酯流平剂、其他类型流平剂(氟改性流平剂、高沸点溶剂)。

③消泡剂。

消泡剂分为抑泡剂和破泡剂。抑泡剂主要是控制泡沫的产生并将产生了的泡沫消除,大多在涂料生产和使用过程中发挥作用;破泡剂主要是将产生的小气泡由小变大,使气泡膜逐渐变薄而自行破泡,此类助剂在涂料的整个过程中发挥作用。主要产品有:有机硅系消泡剂、非硅系消泡剂、氟改性消泡剂。

④消光剂。

消光就是削弱反射角方向的光线强度。

⑤触变、增稠、防流挂助剂。

简单来说,原理就是助剂提供聚合物内部网状结构的交联吸附,黏度升高。加入剪切力将网状结构破坏,黏度下降。撤去剪切力,网状结构恢复,于是黏度重新上升。改善产品的施工性、漆膜流平性和产品的储存稳定性等。

⑥增塑剂。

以液态存留在漆膜中的不挥发有机液体,称为增塑剂,又名增韧剂、软化剂,用来增加漆膜的柔韧度和提高漆膜的附着力,同时提高其耐寒性。常用品种有:酯类增塑剂(DBP、DOP)和环氧增塑剂(环氧大豆油)。

⑦其他助剂。

a. 成膜助剂:降低水性漆膜成膜温度,改善乳胶粒子聚结性能。

b. 防发花、防浮色剂:防止色漆施工时不同颜料的分离,是一种表面活性助剂。

c. 防结皮剂:专用于气干性涂料在储存过程中的防止氧化结皮,提高产品稳定性。

习　　题

一、填空题

1. 涂料的组成包括_____、_____、_____、_____。
2. 涂料用树脂从来源可分为_____和_____两种。
3. 合成树脂按照性能可分为_____、_____和_____。
4. 颜料按照用途可以分为_____、_____、_____和特殊颜料。
5. 颜料按照化学成分可分为_____和_____。
6. 涂料用溶剂可分为_____、_____和稀释剂。
7. 常用的添加剂有_____、_____、_____、_____等。
8. 溶剂的主要特性有_____、_____、_____、_____、_____。
9. 涂料按成膜物质可分为_____、_____、_____、_____等。
10. 涂料按成膜类型可分为_____、_____。
11. 涂料按作用可分为_____、_____、_____。
12. 涂料按外观效果可分为_____、_____、_____。

13. 涂料按性能可分为_____和_____。
14. 涂料按施工方式可分为_____和_____。
15. 涂料的主要作用包括_____、_____、_____和特殊作用。
16. 硝基涂料是以_____为主要成膜物质。
17. 防护底漆对底材表面具有良好的_____，对中涂层或面漆层具有良好的_____。
18. 中涂漆的主要功能是改善被涂工件表面和底漆涂层的_____。

二、判断题
1. 沥青不属于树脂。   (   )
2. 涂料用溶剂属于低毒产品。   (   )
3. 添加剂在涂料中可有可无。   (   )
4. 生产合成树脂的方法有加聚反应和缩聚反应两种。   (   )
5. 硫酸钡属于着色颜料。   (   )
6. 稀释剂同样具有溶解能力。   (   )
7. 涂膜烘干温度是指涂层温度或金属底材温度。   (   )
8. 涂膜干燥时间越短越好。   (   )
9. 涂料的细度越细性能越好。   (   )
10. 单组分涂料调配时需要添加固化剂。   (   )

三、选择题
1. 下列哪一类树脂属于合成树脂？(   )
   A. 沥青   B. 硝酸纤维素   C. 氯化橡胶   D. 环氧树脂
2. 衡量漆膜干燥性能的指标是(   )。
   A. 干燥速度   B. 干燥时间   C. 干燥温度   D. 干燥程度
3. 低温烘干温度通常设定为(   )℃。
   A. 60~80   B. 100~140   C. 140~180   D. 180~200
4. 热固化型涂料又称为高温固化型涂料，烘烤温度通常为(   )℃。
   A. 60~80   B. 100~130   C. 130~180   D. 180~200
5. 如果外界温度高于30℃，应该选用的稀释剂类型是(   )。
   A. 慢干型   B. 标准型   C. 快干型   D. 任意选择
6. 下列涂料中容易泛黄，不易制白漆的涂料品种是(   )。
   A. 环氧树脂涂料 B. 氨基树脂涂料   C. 酚醛树脂涂料   D. 聚氨酯涂料
7. 下列哪一类树脂不能单独作为涂料的主要成膜物质使用？(   )
   A. 醇酸树脂   B. 聚氨酯树脂   C. 氨基树脂   D. 丙烯酸树脂
8. 常常用作防锈底漆的涂料是(   )。
   A. 醇酸树脂涂料 B. 环氧树脂涂料   C. 氨基树脂涂料   D. 丙烯酸树脂涂料
9. 单组分涂料的干燥方式属于(   )。
   A. 氧化聚合型   B. 溶剂挥发型   C. 化学反应型   D. 热固化型
10. 双组分涂料的干燥方式属于(   )。
    A. 氧化聚合型   B. 溶剂挥发型   C. 化学反应型   D. 热固化型

项目十四　喷涂遮蔽

学习目标

完成本项目学习后,你应能:
1. 简述遮蔽的重要性;
2. 列举遮蔽所采用的工具及材料;
3. 说明反向遮蔽及缝隙遮蔽的应用。

建议学时

4学时。

1. 喷涂遮蔽的重要性

遮蔽是指喷涂前使用胶带或纸类覆盖物盖住不需要修饰的表面,以防止修复受损部位的同时影响到不需要修复的车辆外表。除喷涂外,遮蔽还用于打磨、抛光时保护相邻的表面。一般情况下,如果给车身后门喷涂面漆,它的漆雾可以扩展至车门以外1~2m。所以在做局部喷涂时,一定要对不需喷涂的位置进行遮蔽,如图14-1所示。

汽车修补所使用的防涂遮蔽是整个喷涂修复中一个不可缺少的环节。当今修补业使用的现代防涂遮蔽技巧具有快速高效的特点,大大缩短了准备及清洁时间。

2. 遮蔽工具及材料

在进行遮蔽作业时需要一些方便实用的遮蔽工具和材料。常用到的遮蔽工具与材料有遮蔽纸切纸架、遮蔽膜、遮蔽纸、遮蔽缝隙胶条等。

图14-1　遮蔽

1) 遮蔽纸切纸架

遮蔽纸切纸架可以帮助维修技师很方便地将遮蔽纸裁成整齐、适合工作需要的尺寸。遮蔽纸要干净、无尘,不要折皱、破损,抽纸时胶带与纸张要粘贴合适。遮蔽纸切纸架规格很多,如图14-2所示。

图 14-2　遮蔽纸切纸架

2）遮蔽纸

遮蔽纸是一种耐溶剂的纸,喷涂时能保证被遮蔽部位免受涂料的影响,如图 14-3 所示。遮蔽纸可由纸胶带固定在所覆盖的部分上。

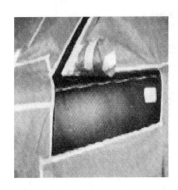  

图 14-3　遮蔽纸

对于遮蔽纸有以下几点要求:抗溶剂性佳;极佳的帖服性;抗尘;极佳的油漆吸附性;在潮湿的条件下,性能稳定。

3）遮蔽膜

遮蔽膜是一种抗油漆渗透性强、吸附漆面效果佳、防尘效果佳、半透明的遮蔽薄膜,如图 14-4 所示,使用方便且经济,是目前油漆修补中常用的遮蔽材料。在使用中要注意遮蔽膜的正反面,在遮蔽时要保证没有水分残留在车身上,否则在烘烤时会导致漆面产生缺陷。

4）遮蔽缝隙胶条

遮蔽缝隙胶条主要用于遮蔽门边、发动机盖边缝、油箱盖边及其他缝隙部位的喷漆工作,见图 14-5。遮蔽缝隙胶条施工简易,能够产生平滑的过渡效果,极大地节省了时间。

3. 特殊遮蔽

1）反向遮蔽

由于施喷中涂漆所用的空气压力低于喷面漆的空气压力(以尽可能减少喷涂外逸),工件表面的遮护通常使用反向遮蔽法,以防止喷涂时产生台阶。反向遮蔽是指遮蔽纸在贴敷时里面朝外,所以沿边界粘有一薄层漆雾,如图14-6所示。反向遮蔽的使用可以尽可能地减少喷涂台阶,使边界不太明显,易于打磨。

图14-4 遮蔽膜

传统工艺的遮蔽分界线非常明显

使用遮蔽缝隙胶条分界线完美无缺

图14-5 缝隙胶条

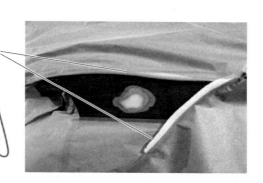

· 反向遮蔽是指遮蔽纸在贴敷时里面朝外,防止喷涂时产生台阶

· 用软胶粘带遮蔽

图14-6 反向遮蔽

2)缝隙遮蔽

对缝隙遮蔽时可使用遮蔽缝隙胶条配合遮蔽纸进行,如图14-7所示。遮蔽缝隙胶条必须放置于门缝3/16英寸处,此位置为最佳遮蔽处,不会产生漆线或毛边。若遮蔽缝隙胶条放置太靠里面,将使喷漆渗入,亦会使车门缝内的脏粒飞出,影响漆面品质。若遮蔽缝隙胶条放置太突出,将使喷漆不良,并产生毛边,如图14-8所示。

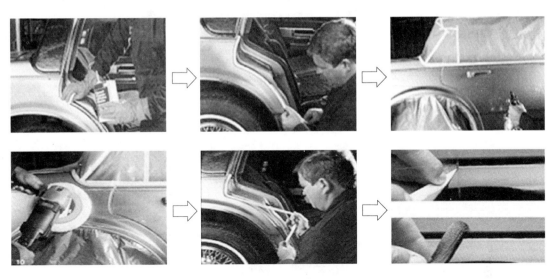

图 14-7　缝隙遮蔽

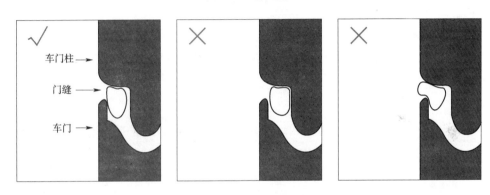

图 14-8　正确的缝隙遮蔽

习　题

一、判断题

1. 遮蔽是指喷涂前使用胶带或纸类覆盖物盖住不需要修饰的表面,以防止修复受损部位的同时影响到不需要修复的车辆外表。（　　）

2. 除喷涂外,遮蔽还用于打磨、抛光时保护相邻的表面。（　　）

3. 一般情况下,如果给车身后门喷涂面漆,它的漆雾可以扩展至车门以外 1~2m。所以在做局部喷涂时,一定要对不需喷涂的位置进行遮蔽。（　　）

4. 汽车修补所使用的防涂遮蔽是整个喷涂修复中一个不可缺少的环节。（　　）

5. 当今修补业使用的现代防涂遮蔽技巧具有快速高效的特点,大大缩短了准备及清洁的时间。（　　）

6. 在进行遮蔽作业时需要一些方便实用的遮蔽工具和材料。常用到的遮蔽工具与材料有遮蔽纸切纸架、遮蔽膜、遮蔽纸、遮蔽缝隙胶条等。（　　）

7. 遮蔽纸切纸架可以帮助维修技师很方便地将遮蔽纸裁成整齐、适合工作需要的尺寸。
（　　）
8. 遮蔽纸要干净、无尘，不要折皱、破损，抽纸时胶带与纸张要粘贴合适。（　　）
9. 遮蔽纸是一种耐溶剂的纸，喷涂时能保证被遮蔽部位免受涂料的影响。（　　）
10. 遮蔽膜是一种抗油漆渗透性强、吸附漆面效果佳、防尘效果佳、半透明的遮蔽薄膜。
（　　）

二、选择题

1. 遮蔽膜比较适于大面积遮蔽。以下关于遮蔽膜的特性，正确的是（　　）。
   A. 能够防止溶剂渗透
   B. 能够防止涂料干燥以后脱落损坏漆面
   C. 不会产生静电吸附灰尘
   D. 能够耐 60～80℃ 高温烘烤

2. 报纸成本比较低廉，但是使用报纸贴护有以下缺点（　　）。
   A. 需要使用较多胶带
   B. 贴护速度慢，耗时耗力
   C. 无法有效防止油漆渗透，导致油漆渗透至车体表面，增加后期清洁的工作量
   D. 报纸表面的油墨及纤维脱落会导致漆面脏点，增加后期抛光的工作量

项目十五　素色漆喷涂

学习目标

完成本项目学习后,你应能:
1. 准确辨析汽车原厂漆概念;
2. 说明双组分素色漆及清漆喷涂技巧;
3. 熟知喷枪的正确使用方法。

建议学时

4学时。

1. 素色漆
1) 定义

素色漆是指色漆涂料中没有加入金属银粉颗粒,只有素色色母存在的涂料。如大白、深蓝、大红等,如图15-1所示。

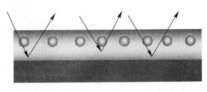

图 15-1　素色漆涂层结构示意图
注:图中圆点代表单纯的素色漆母颗粒。

2) 素色漆按施工类别分类

素色漆的分类见图15-2。

施工类别
- 1K——单组分涂料,即双工序素色漆,除喷涂色漆层(只提供颜色)外,还需喷涂罩光清漆(提供光泽度)
- 2K——双组分涂料,即单工序素色漆,双组分涂料涂层可同时提供颜色及光泽度

图 15-2　素色漆的分类

3) 常见油漆品牌单组分素色漆

各油漆生产商,均会根据需要生产多种类型的油漆,如溶剂型双组分素色漆、溶剂型单组分素色漆、水性单组分素色漆等。这就要求操作者在使用过程中,一定要分清油漆的类型,根据油漆类型正确使用油漆辅料,以免造成不必要的浪费和损失,导致最终施工达不到效果要求。图15-3、图15-4所示,是以鹦鹉牌和施必快牌油漆为例,在油漆包装上找到相应

的油漆类别代号,通过查询比对《油漆产品手册》,以确定油漆类型及施工方法。

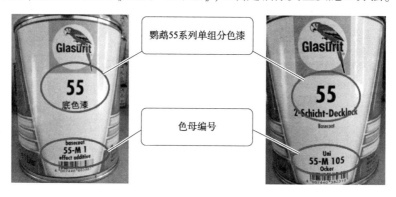

图 15-3　鹦鹉 55 系列单组分色漆

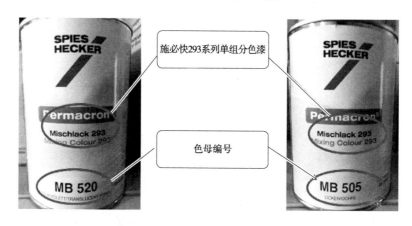

图 15-4　施必快 293 系列单组分素色漆

2.《油漆产品手册》使用

《油漆产品手册》是由油漆生产商为操作者提供的标准的油漆产品使用指南,类似于小学生使用的字典。通过产品手册的正确查询与使用,使得操作者更加容易地掌握油漆产品的特性,以便更好地施工,如图 15-5 所示。

图 15-5　施必快牌和鹦鹉牌《油漆产品手册》

3. 双工序素色漆喷涂

(1) 双工序素色漆喷涂流程，如图 15-6 所示。

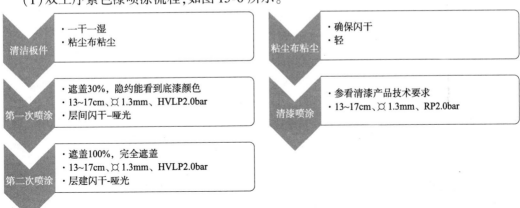

图 15-6　双工序素色漆喷涂流程

(2) 喷枪使用的三要素：角度、距离、重叠，如图 15-7 所示。

图 15-7　喷枪使用三要素

(3) 喷涂过程中的注意事项。

① 喷涂距离。

在喷涂过程中保持喷枪与板件恒定的距离(一般为 13~17cm)是完美喷涂效果的前提。相对于同一罐油漆而言，介于 13cm 与 17cm 的喷涂距离，喷枪相对于板件的移动速度是不一样的。因为，喷枪与被喷涂板件的距离越近，单位时间内到达板件的油漆量相对较多，从而使得漆面出现流挂等缺陷，反之，则较少。故在喷涂过程中，要依据喷枪与板件的距离灵活掌握喷枪的速度。

② 施工条件。

汽车修补产品最佳使用温度是常温，即 18~25℃。当施工温度偏离常温，可以用快干或慢干稀释剂和固化剂，保持产品的正常施工性能。一般情况下，温度高选择慢干固化剂，反之，温度低选择快干固化剂。

习　题

一、判断题

1. 1K 代表双组分涂料。　　　　　　　　　　　　　　　　　　　　　　　　　　　　(　)
2. 1K 代表单组分涂料。　　　　　　　　　　　　　　　　　　　　　　　　　　　　(　)

3. 喷涂含有异氰酸盐/酯的单组分素色漆时,可使用防尘口罩。　　　　(　　)
4. 素色漆就是通常说的纯色漆。　　　　　　　　　　　　　　　　(　　)
5. 素色漆喷涂的要求是均匀覆盖。　　　　　　　　　　　　　　　(　　)
6. 单工序双组分素色漆既能提供颜色,也能提供漆面的光泽。　　　(　　)
7. 单工序漆面的质量比双工序要好。　　　　　　　　　　　　　　(　　)
8. 单组分素色漆混合时需加入固化剂。　　　　　　　　　　　　　(　　)
9. 鹦鹉单组分素色漆的代号是293。　　　　　　　　　　　　　　(　　)
10. 喷涂单组分色漆前需要除油,喷涂双组分素色漆前不需要除油。(　　)

二、单项选择题

1. 以下属于双组分色漆优点的是(　　)。
 　A. 不便于施工　　　　B. 漆层质量好　　　C. 综合成本较低
2. 下列不属于油漆产品使用手册作用的是(　　)。
 　A. 查询某个型号油漆的闪干时间
 　B. 查询某个型号油漆和辅料的比例
 　C. 查询某个油漆产品的产地
3. 下列不属于喷枪使用三要素的是(　　)。
 　A. 角度　　　　　　　B. 距离　　　　　　C. 力度
4. 防止遮蔽纸胶带自身黏结的成分是(　　)。
 　A. 背面处理剂　　　　B. 背衬地材　　　　C. 底层涂料
5. 喷涂前除油的方法正确的是(　　)。
 　A. 一干一湿　　　　　B. 直接擦拭　　　　C. 用吹枪边吹边擦
6. 关于色漆喷涂正确的是(　　)。
 　A. 第一遍30%覆盖　　B. 第一遍70%覆盖　C. 层间不用闪干
7. 双组分色漆在喷漆时需喷涂两遍,在喷涂过程中如何判断漆面是否闪干?(　　)
 　A. 漆面哑光　　　　　B. 不粘手不拉丝　　C. 5min

三、多项选择题

1. 下列关于双组分色漆喷涂的描述,正确的是(　　)。
 　A. 使用1.3mm口径的喷枪喷涂
 　B. 素色漆喷涂的标准是均匀覆盖
 　C. 最后一遍喷涂双组分色漆可加入清漆,以增加光泽度
 　D. 能够耐60~80℃高温烘烤
2. 对于双组分色漆的要求正确的是(　　)。
 　A. 极佳的光泽　　　　　　　　　　B. 极佳的颜色遮盖力
 　C. 极佳的流平性　　　　　　　　　D. 极佳的施工性能
3. 喷涂素色漆时需要选择的防护用品是(　　)。
 　A. 护目镜　　　　B. 防尘口罩　　　C. 防溶剂手套　　D. 棉手套
 　E. 安全鞋　　　　F. 防静电工作服　G. 防毒面具　　　H. 工作服

项目十六　银粉漆喷涂

完成本项目学习后,你应能:
1. 解释说明银粉漆及其特性;
2. 叙述说明银粉漆喷涂的工艺步骤和方法。

4 学时。

1. 银粉漆及其特性

1) 定义

银粉也就是铝粉,有时候人们提到的金属漆指的就是银粉漆,如图 16-1 所示。由于银粉漆特殊的闪光效果,其在汽车漆家族中的地位越来越重要,占的比例越来越大。

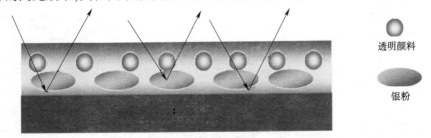

图 16-1　银粉漆

注意:银粉漆与素色漆的区别在于银粉漆中的颜料除了着色颜料,还有铝粉粒子,不少银粉漆中着色颜料很少(如银灰色),甚至仅有铝粉粒子而无着色颜料。由于铝粉的特殊闪光效果,用传统的颜色理论来解释银粉漆非常有局限性。

2) 银粉漆的变幻效果

(1) 正侧面明暗变化效果

光线在银粉漆中的传播,其特效是靠铝粒子与透明颜料的配合而达到的。银粉是片状的,像许多小镜子一样平躺着反射外来的光线,从直角看去,光线反射效果最大,使得色调显得闪亮;从侧面看去,光线反射量会降低,使得色调看起来较暗。

变幻效果也与铝粉的颗粒大小有关。相对而言,铝粒子越大,反射的光线越多,从正面

(直角)看,色调明亮闪耀,而从侧面看时,就显得深暗。铝粒子越小,变幻效果越不显著,色调大多显得灰暗。

当前,有一类银粉呈特殊的球状,用来制造银粉漆,涂装后使涂层从正侧面看上去闪烁亮白。

(2)彩色变幻效果

彩色变幻效果的色调主要是靠透明颜料来达成的,不透明的颜料会阻碍铝粒子反射光线,使涂层的彩度降低。把一定色相的透明颜料加入到配方中,就会显示出该色的彩色变幻效果。如香槟色的银粉,从正面看上去显得金黄色,而从侧面看时则显得较黄、较红。

(3)银粉的排列影响变幻效果(图16-2)

a)平躺的银粉变幻效果好　　　　　　　　b)排列杂乱的银粉使得色调显得灰暗

图16-2　银粉的排列影响变幻效果

3)银粉漆效果

银粉在涂层中排列的效果,与银粉本身、制造工艺、施工方法都有关。

(1)银铝浆:品质上乘的银铝浆是保证银粉产生良好变幻的前提,好的银铝粒子颗粒均匀,闪光效果突出。而劣质银铝浆会使涂层显得粗糙、黯淡。

(2)制造工艺:银粉漆的制造工艺同样考究,如何使铝粒子在涂料制造过程中不受损伤以致影响闪烁效果?如何使银粉漆的储存效果好而不容易产生沉淀?这都与各涂料制造商的技术水平有关。

(3)施工方法:影响因素较多,如图16-3所示。

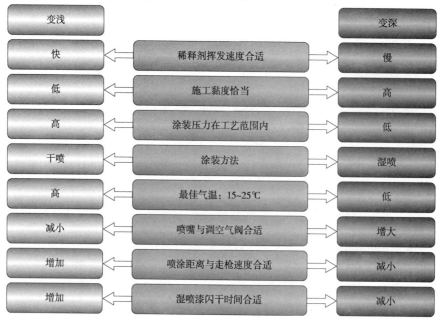

图16-3　施工方法对银粉漆效果的影响

注意:当银粉色调变深时,一般是因为涂层过湿,而使涂层中的铝粒子发生堆积,或者施工黏度高,出现聚银现象,就像实色漆的"橘皮"。

当银粉漆色调变浅时,一般是因为涂层过干,铝粒子排列杂乱。

面漆与清漆采用湿碰漆施工工艺的间隔时间过短也容易导致金属漆闪光不匀。

2. 银粉漆喷涂前准备

(1) 防护准备,如图 16-4 所示。

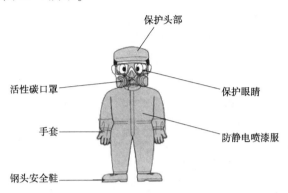

图 16-4 喷涂油漆标准安全防护

(2) 其他准备

①遮盖;

②除尘;

③脱脂;

④检查;

⑤涂料调制;

⑥涂料过滤装枪;

⑦调整喷枪的各项参数。

3. 银粉漆喷涂流程

银粉漆喷涂流程,如图 16-5 所示。

清洁板件	・一干一湿 ・粘尘布粘尘	粘尘布粘尘	・确保闪干 ・轻
第一次喷涂	・遮盖30%,隐约能看到底漆颜色 ・13~17cm、⌀1.3mm、HVLP2.0bar ・层间闪干-哑光	第三次喷涂	・效果层 ・较13~17cm稍远、⌀1.3mm、较HVLP2.0bar稍低(1.5bar)
第二次喷涂	・遮盖100%,完全遮盖 ・13~17cm、⌀1.3mm、HVLP2.0bar ・层建闪干-哑光	清漆喷涂	・参看清漆产品技术要求 ・13~17cm、⌀1.3mm、HVLP2.0bar

图 16-5 银粉漆喷涂流程

1)第一次喷涂

(1)黏度:14~16s(20℃、D-4)。

(2)气压力:2.0~2.5bar、HVLP(比素色漆高)。

(3)喷幅直径:全开。

(4)喷涂流量:1/2~2/3开度(稍小)。

(5)喷枪距离:13~17cm(远)。

(6)喷枪运行速度:快。

以喷雾感沿门板表面整体薄薄喷洒,既可提高涂料与底层或旧涂膜的亲和力,又能确认有无排斥涂料现象。如果出现了排斥现象,就在有排斥现象的部位,提高喷射气压喷涂。

2)第二次喷涂

(1)涂料黏度:14~16s(20℃)。

(2)气压力:2.0~2.5bar、HVLP。

(3)喷幅直径:全开。

(4)喷涂流量:2/3~3/4开度(稍大)。

(5)喷枪距离:13~17cm。

(6)喷枪运行速度:稍快。

决定涂膜颜色,喷涂时不必在意出现的喷涂斑纹和金属斑纹,喷枪移动速度稍快一点为好。涂料遮盖力较强,一般喷两次就行了,但有的色调需按第二次喷涂方法再喷涂一次。

3)第三次喷涂

(1)涂料黏度:14~16s(20℃)。

(2)气压力:1.5bar、HVLP。

(3)喷幅直径:全开。

(4)喷涂流量:2/3~3/4开度(稍大)。

(5)喷枪距离:20cm。

(6)喷枪运行速度:稍快。

4)中间间隔时间

在消除斑纹喷涂结束之后,要设置10~15min的中间间隔时间,使涂膜中的溶剂挥发。

若用指尖轻轻触摸涂面,沾不上颜色,就可以进入清漆喷涂。设置中间间隔时间,是为了使银粉漆中的溶剂尽可能挥发。

5)清漆喷涂

(1)第一次喷涂

清漆进行预喷涂(对于高浓度的清漆一般先做预喷涂,即先喷涂"半遍")。第一次清漆喷涂不能太厚,一次喷涂太厚会引起银粉颗粒排列被打乱。

①涂料黏度:12~14s(20℃)(稍大)。

②气压力:2.0bar、RP1.3mm。

③喷幅直径:全开。

④喷涂流量:2/3开度(稍小)。

⑤喷枪距离:13~17cm(或参看产品手册)。

⑥喷枪运行速度:稍快。
(2)第二次喷涂
当表面平整度不好时,可以加入干燥速度慢的稀释剂进行修正,以获得好的加工质量。
①涂料黏度:11~13s(20℃)(稍小)。
②气压力:2.0bar、RP1.3mm。
③喷幅直径:全开。
④喷吐流量:全开或3/4开度(大)。
⑤喷枪距离:13~17cm(或参看产品手册)。
⑥喷枪运行速度:普通或稍慢。

习 题

一、判断题
1. 银粉也就是铝粉,有时候人们提到的金属漆指的就是银粉漆。 ( )
2. 银粉漆与素色漆的区别在于银粉漆中的颜料除了着色颜料,还有铝粉粒子。( )
3. 不少银粉漆中着色颜料很少(如银灰色),甚至仅有铝粉粒子而无着色颜料。( )
4. 光线在银粉漆中的传播,其特效是靠铝粒子与透明颜料的配合而达到的。 ( )
5. 银粉漆、珍珠漆最后都需要薄喷一层来调整银粉漆、珍珠漆的颗粒排列。 ( )
6. 有的素色漆也属于金属漆。 ( )
7. 同一类型的银粉,颗粒越粗,正视越亮,侧视越暗。 ( )
8. 不规则形状的银粉,正面的亮度相对较高,侧视的亮度反而较低。 ( )
9. 当两种银粉混合后,表现出来的属性就是原来两个银粉属性的折中。 ( )
10. 颗粒大小相近时,颗粒椭圆形的银粉会比颗粒形状不规则的银粉侧视更暗。( )

二、单项选择题
1. 与银粉漆喷涂时的闪干时间无关的是(   )。
   A. 喷涂厚度   B. 银粉含量   C. 气温
2. 以下是椭圆形银粉的是(   )。
   A. 无光银   B. 亮银   C. 闪银
3. 在亮银和闪银中使用的银粉颗粒越小,(   )。
   A. 正面、侧面越黑   B. 正面、侧面越白
   C. 正面越白,侧面越黑
4. 不适合汽车维修行业修补漆喷涂的喷枪是(   )。
   A. 压送式   B. 重力式   C. 吸力式
5. 整板喷涂时,喷枪扇面宽度应调整为(   )。
   A. 5~10cm   B. 10~15cm   C. 20~25cm
6. 可以控制漆雾形状的是(   )。
   A. 喷枪中心孔   B. 喷枪角孔   C. 喷枪雾化
7. 底色漆雾喷涂时喷幅重叠幅度一般为(   )。

A. 1/2   B. 1/3   C. 3/4
8. 以下喷涂方法会导致干喷效果的是(　　)。
   A. 气压减小   B. 喷幅减小   C. 喷涂距离远
9. 以下哪项不是银粉漆产生发花的原因？(　　)
   A. 稀释剂选择不当
   B. 喷枪与板件距离太近
   C. 底色漆喷涂遍数太多
10. 银粉漆中所含的铝片尺寸通常为(　　)。
    A. 5～20μm   B. 20～40μm   C. 10～20μm

三、多项选择题

1. 喷枪的调整包括哪些要素？(　　)
   A. 喷枪压力的调整   B. 扇面的调整
   C. 涂料流量的调整   D. 喷涂距离的调整
2. 以下因素对于喷涂质量有影响的是(　　)。
   A. 喷枪距离   B. 喷枪移动速度
   C. 喷枪与工件表面的角度   D. 喷涂气压
3. 清洗喷枪的重点有(　　)。
   A. 喷枪通道   B. 风帽   C. 喷嘴   D. 枪杯
4. 调整金属漆侧视效果的手段主要有(　　)。
   A. 选用合适的银粉组合   B. 使用银粉控制剂
   C. 使用白色色母   D. 使用遮盖力强的色母
5. 影响银粉漆颜色匹配的因素有(　　)。
   A. 稀释剂的种类   B. 稀释剂的比例
   C. 喷枪的气压   D. 喷枪扇面的调节
6. 下列属于金属粉颜料的有(　　)。
   A. 铝粉   B. 铜粉   C. 珠光颜料   D. 铁蓝
7. 银粉漆漆膜起雾的原因有(　　)。
   A. 天气比较潮湿   B. 使用质量差的稀释剂
   C. 使用喷枪吹干溶剂型油漆的漆膜   D. 使用干燥速度过快的稀释剂
8. 影响涂料颜色的因素包括(　　)。
   A. 施工条件   B. 喷涂手法   C. 喷漆房风速   D. 喷枪
9. 关于干喷和湿喷时银粉或珍珠颗粒的颜色，以下说法正确的是(　　)。
   A. 干喷时银粉和珍珠颗粒主要排列在上层，颗粒显得较粗
   B. 干喷时银粉和珍珠颗粒主要排列在下层，颜色显得比较浑浊
   C. 湿喷时银粉和珍珠颗粒主要排列在上层，颜色显得比较鲜艳
   D. 湿喷时银粉和珍珠颗粒主要排列在下层，颗粒显得较少
10. 以下属于银粉漆发花的原因是(　　)。
    A. 调漆时稀释剂过少   B. 喷涂时喷枪气压过大
    C. 喷枪与板件的距离太远   D. 烤漆房内温度太高

参 考 文 献

[1] 吴夏宇.汽车涂装技术实训[M].北京:中央广播电视大学出版社,2006.
[2] 陈纪民.汽车涂装技术[M].北京:人民交通出版社,2009.
[3] 易建红.汽车涂装基础[M].北京:人民交通出版社股份有限公司,2017.
[4] 洪云龙.汽车涂装理实一体化教材[M].北京:机械工业出版社,2016.
[5] 李珍芳,戴巍.汽车涂装技术[M].北京:航空工业出版社,2014.
[6] 范家春,刘习成.汽车涂装[M].北京:机械工业出版社,2015.
[7] 张世荣.汽车涂装工艺与技能训练[M].北京:中国劳动社会保障出版社,2006.
[8] 梁振华.汽车涂装工艺与设备[M].北京:人民邮电出版社,2012.
[9] 吴兴敏.汽车修补喷漆技能与实例[M].北京:化学工业出版社,2015.